신나라 부경 한국어

채영희 지음

07

Myanmarese

신나라
부경 한국어

여는 글

부경대학교 언어교육원이 한국어 교육을 시작한 지 올해가 10년이 되는 해입니다. 대마도 고등학교 학생들이 부경대학교에 입학하면서 한국어 교육을 시작하게 된 그날의 기억이 새롭습니다. 집안에 가보로 간직한 한국어 문서를 자기 목소리로 읽고 싶다고 하시던 일본 할아버지도 기억납니다. 그분들의 새로운 언어를 배우고자 하던 열정이 한국어를 더 많이 가르쳐 드리고 싶다는 열정에 뒤질까 노심초사 하던 시간들이 오늘까지 이어지고 있습니다.

한국의 위상이 높아짐에 따라 한국어를 배우고자 하는 열기는 이제 아시아를 넘어 세계로 향하고 있습니다. 한국어를 가르치는 일을 하면서 항상 느끼는 것은 한글에 대한 자부심입니다. 온 세계에 가장 자랑하고 싶은 한글을 세계인에게 알리는 최전선에 있다는 사실이 우리 한국어 선생님들의 자랑입니다. 한글 창제의 과학적 원리와 아름다운 조형성을 생각하면 한글을 창제하신 세종대왕의 백성 사랑하신 마음이 전해져 옵니다. 또한 어려운 시절 우리말과 글, 그리고 얼을 목숨을 다해 지켜내신 선각자 여러분들의 애틋한 마음도 함께 합니다.

지금 부경대학교에는 50여 나라에서 온, 천여 명의 유학생이 자신의 미래를 위한 준비를 열심히 하고 있습니다. 이들에게 도움을 주고자 초급 부경 한국어는 현재 14개국의 언어로 만들었습니다. 초급의 경우는 모국어의 도움이 필요하다고 생각되어 한국어와 각 나라의 언어로 만들었습니다. 이 과정에서 많은 유학생과 한국어 선생님들의 도움이 있었습니다. 도움을 주신 분들께 깊이 감사드립니다.

각 과는 준비단계에 그림을 통해 어휘를 쉽게 익히도록 배려하였으며, 역할극을 통해 언어기능에 중점을 둔 학습활동을 하도록 하였습니다. 그리고 각 과의 목표문법을 익힌 다음 확인 학습을 통해 배운 내용을 완전히 익히도록 하였습니다. 덤으로 문화에 대한 내용을 덧붙여 한국에 대한 흥미를 지니도록 구성하였습니다.

이 책이 세상에 나오도록 정성을 다해 도와준 분들이 많이 있습니다. 표지를 멋지게 디자인해 주신 디자인학과의 홍동식 교수님, 부드러운 목소리로 한국어의 아름다움을 세상에 알리는데 기꺼운 마음으로 도와주신 선호제님과 김새해님, 따뜻한 그림으로 책을 멋지게 만들어 주신 하늘기획 여러분, 그리고 책을 출판할 수 있도록 재정적 지원을 해주신 부경대학교 교육역량 사업단과 이 번거로운 일을 마다하지 않고 도와준 홍보협력과 여러분과 편집위원 여러분께 깊은 감사를 드립니다.

부경대학교 한국어 책임교수 _ 채 영 희

일러두기

1 준비단계 : 어휘 익히기

각 과에서 학습해야 할 어휘 목록을 품사 별로 정리한 것이다. 각 단어의 발음은 부경대학교 언어교육원 홈페이지에서 들을 수 있다.

• 각 과의 내용 이해를 돕는 주요 어휘를 그림으로 학습한다.

2 말하기 : 역할극 하기

특정 상황의 대화를 익히고 응용할 수 있다. 대화내용은 부경대학교 언어교육원 홈페이지에서 들을 수 있다.

• 대화에 나온 어휘와 표현을 정리하여 학습자의 이해를 돕는다.

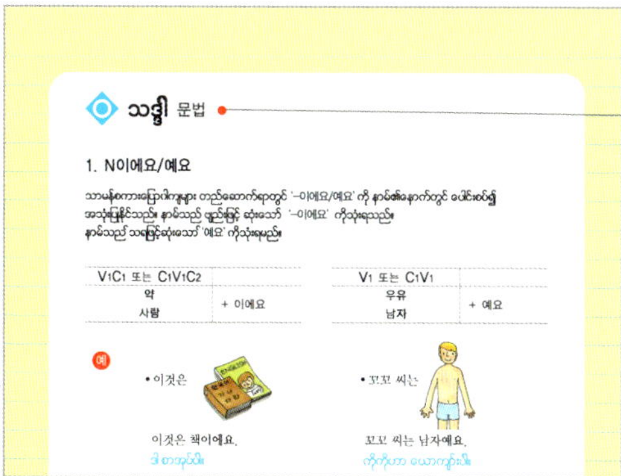

သဒ္ဒါ 문법

1. N이에요/예요

V1C1 또는 C1V1C2		V1 또는 C1V1	
약 사람	+ 이에요	우유 남자	+ 예요

예 • 이것은 • 포포 씨는

이것은 책이에요. 포포 씨는 남자예요.

3 목표 문법 제시 : 문법 익히고 활용하기

다양한 활동을 통해 문법을 학습한다.

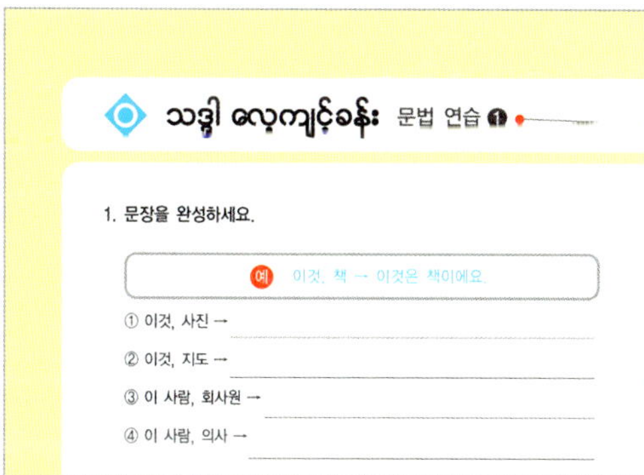

သဒ္ဒါ လေ့ကျင့်ခန်း 문법 연습 ❶

1. 문장을 완성하세요.

예 이것, 책 → 이것은 책이에요.

① 이것, 사진 →
② 이것, 지도 →
③ 이 사람, 회사원 →
④ 이 사람, 의사 →

4 확인 학습 : 문법

학습 문법을 이용해 다양한 의사소통 활동을 유도한다.

어휘 & 표현 ❶

1. 【보기】에서 그림에 알맞은 단어를 찾아 쓰세요.

5 확인 학습 : 어휘와 표현

학습 어휘를 이용해 주제와 관계 있는 이야기를 구성해 본다.

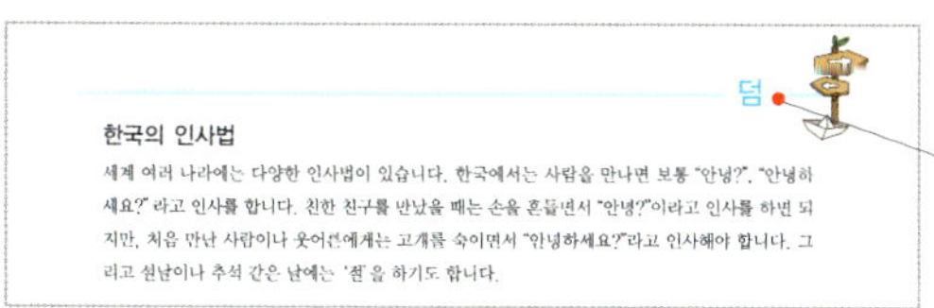

덤

한국의 인사법

세계 여러 나라에는 다양한 인사법이 있습니다. 한국에서는 사람을 만나면 보통 "안녕?", "안녕하세요?" 라고 인사를 합니다. 친한 친구를 만났을 때는 손을 흔들면서 "안녕?"이라고 인사를 하면 되지만, 처음 만난 사람이나 웃어른에게는 고개를 숙이면서 "안녕하세요?"라고 인사해야 합니다. 그리고 설날이나 추석 같은 날에는 '절'을 하기도 합니다.

6 문화 읽기

한국의 문화를 소개하여 학생들에게 한국어에 대한 흥미를 가지도록 한다.

차례

[참고] ဤစာအုပ်တွင် ဖော်ပြသော N, V ,A တို့သည် နာမ်၊ ကြိယာ နှင့် နာမဝိသေသနတို့ကို ကိုယ်စားပြုသည်။

N : နာမ် 명사 | V : ကြိယာ 동사 | A : နာမဝိသေသန 형용사

한글

ကိုရီးယား စကားလုံး

1 모음 | သရများ

글자	발음	글자	발음	글자	발음
ㅏ	အား [a]	ㅠ	ယူး [ju]	ㅘ	ဝါ [wa]
ㅑ	ယား [ja]	ㅡ	အ [ɨ]	ㅙ	ဝယ် [wae]
ㅓ	အေား [ə]	ㅣ	အီ [i]	ㅚ	ဝီ/ဲဝ [ö/we]
ㅕ	ယေား [jə]	ㅐ	အယ [ae]	ㅝ	ဝေါ် [wə]
ㅗ	အို [o]	ㅒ	ယယ် [jae]	ㅞ	ဲဝ [we]
ㅛ	ယို [jo]	ㅔ	အဲ [e]	ㅟ	ဝ [ü/wi]
ㅜ	အူး [u]	ㅖ	ယယ [je]	ㅢ	အ [iɨ]

2 자음 | ဗျည်း

글자	이름	발음	글자	이름	발음
ㄱ	기역	ဂါ့ [k]	ㅋ	키읔	ခါ့ [k^h]
ㄴ	니은	နာ့ [n]	ㅌ	티읕	ထာ့ [t^h]
ㄷ	디귿	ဒါ့ [t]	ㅍ	피읖	ဖါ့ [p^h]
ㄹ	리을	ရာ့၊လာ့ [r,l]	ㅎ	히읗	ဟာ [h]
ㅁ	미음	မာ့ [m]	ㄲ	쌍기역	ကာ့ [k']
ㅂ	비읍	ဗာ့ [p]	ㄸ	쌍디귿	တာ့ [t']
ㅅ	시옷	ဆာ [s]	ㅃ	쌍비읍	ပါ့ [p']
ㅇ	이응	င် [ŋ]	ㅆ	쌍시옷	စာ့ [s']
ㅈ	지읒	ဂျာ့ [ts]	ㅉ	쌍지읒	ကျာ့ [ts']
ㅊ	치읓	ချာ့ [ts^h]			

* 연습

	ㅏ	ㅓ	ㅗ	ㅜ	ㅡ	ㅣ	ㅐ	ㅔ	ㅚ	ㅟ
ㄱ	가	거	고	구	그	기	개	게	괴	귀
ㄴ	나	너	노	누	느	니	내	네	뇌	뉘
ㄷ	다	더	도	두	드	디	대	데	되	뒤
ㄹ	라	러	로	루	르	리	래	레	뢰	뤼
ㅁ	마	머	모	무	므	미	매	메	뫼	뮈
ㅂ	바	버	보	부	브	비	배	베	뵈	뷔
ㅅ	사	서	소	수	스	시	새	세	쇠	쉬
ㅇ	아	어	오	우	으	이	애	에	외	위
ㅈ	자	저	조	주	즈	지	재	제	죄	쥐
ㅊ	차	처	초	추	츠	치	채	체	최	취
ㅋ	카	커	코	쿠	크	키	캐	케	쾨	퀴
ㅌ	타	터	토	투	트	티	태	테	퇴	튀
ㅍ	파	퍼	포	푸	프	피	패	페	푀	퓌
ㅎ	하	허	호	후	흐	히	해	헤	회	휘
ㄲ	까	꺼	꼬	꾸	끄	끼	깨	께	꾀	뀌
ㄸ	따	떠	또	뚜	뜨	띠	때	떼	뙤	뛰
ㅃ	빠	뻐	뽀	뿌	쁘	삐	빼	뻬	뾔	쀠
ㅆ	싸	써	쏘	쑤	쓰	씨	쌔	쎄	쐬	쒸
ㅉ	짜	쩌	쪼	쭈	쯔	찌	째	쩨	쬐	쮜

3 받침 | အဆုံးဗျည်း

စာလုံးများ၏ အောက်ခြေတွင် ပေါင်းသော ဗျည်းကို ‘받침’ ဟုခေါ်သည်။ ဗျည်းအားလုံးကို ‘받침’ အဖြစ် အသုံးပြုနိုင်သည်။ ယေဘုယျအားဖြင့် ‘받침’ သည် အောက်ဖော်ပြပါ ဗျည်း ၇ လုံးမှ ဆင့်ပွားလာခြင်း ဖြစ်သည်။ ‘ㄱ, ㄴ, ㄷ, ㄹ, ㅁ, ㅂ, ㅇ.’

글자	발음	예
ㄱ, ㄲ, ㅋ	င့်	국, 밖, 부엌
ㄴ	န့်	산
ㄷ, ㅅ, ㅆ, ㅈ, ㅊ, ㅌ, ㅎ	ဒ့်	닫다, 옷, 갔다, 낮, 꽃, 밭, 히읗
ㄹ	လ့်/ရ့်	달
ㅁ	မ့်	몸
ㅂ, ㅍ	ဗ့်/ဖ့်	집, 잎
ㅇ	င့်	방

4 한국어 글자의 구조

1. V1 구조 : 모음만으로 이루어진 글자

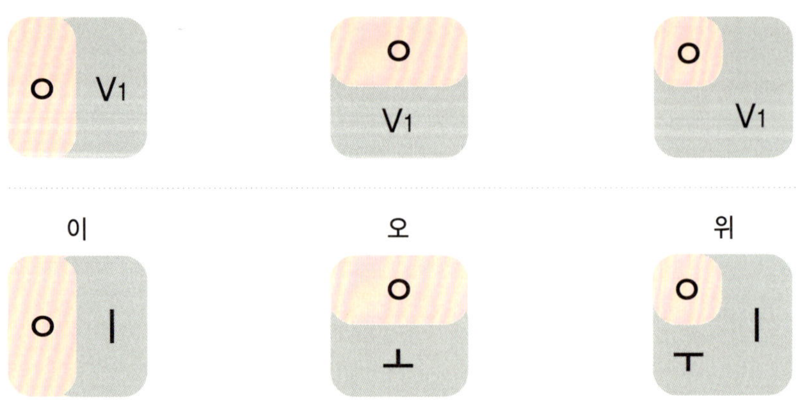

2. V1C1 구조

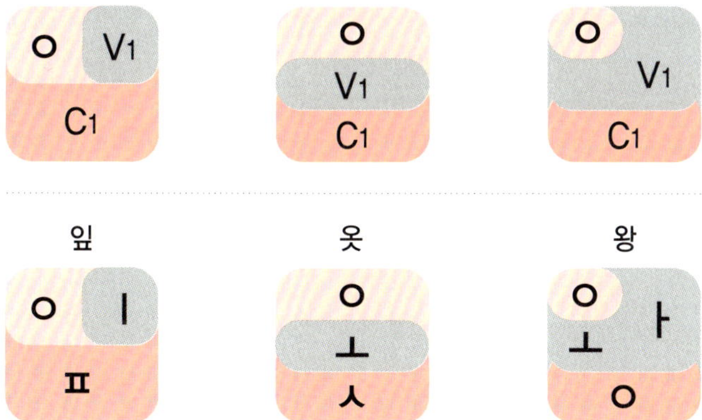

3. C1V1 구조

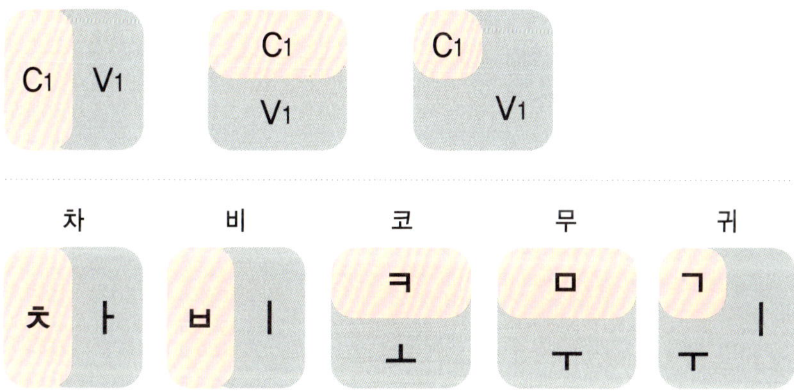

4. C1V1C2 구조

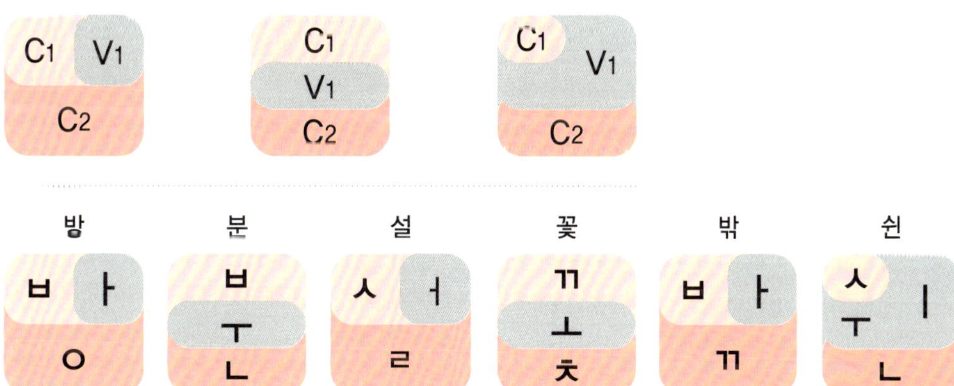

အခန်း ၁ မိတ်ဆက်ခြင်း

제1과 소개하기

ရုပ်ပုံပြအဘိဓာန် 그림사전

명사	နာမ်များ
국적	လူမျိုး
나라	နိုင်ငံ
남자	ယောကျ်ား
번호	နံပါတ်
사람	လူ
사진	ဓါတ်ပုံ
선생님	ဆရာမ
세계	ကမ္ဘာ
여권	နိုင်ငံကူးလက်မှတ်
여자	အမျိုးသမီး
의사	ဆရာဝန်
이름	အမည်
지도	မြေပုံ
직업	အလုပ်အကိုင်
책	စာအုပ်
친구	သူငယ်ချင်း
학교	ကျောင်း
학생	ကျောင်းသား
한국	ကိုရီးယား
호주	ဩစတြေးလျ
회사원	ကုမ္ပဏီဝန်ထမ်း

동사	ကြိယာများ
소개하다	မိတ်ဆက်သည်
인사하다	နှုတ်ဆက်သည်

기타	အခြား...
~이다	-ဖြစ်သည်

인사하다

소개하다

ကမ္ဘာ့မြေပုံ 세계지도

နိုင်ငံကူးလက်မှတ် 여권

사진 ဓာတ်ပုံ

국적 နိုင်ငံသား

이름 အမည်

여권번호
နိုင်ငံကူးလက်မှတ်အမှတ်စဉ်

အလုပ်အကိုင် 직업

선생님
ဆရာ/မ

학생
ကျောင်းသား

회사원
ကုမ္ပဏီဝန်ထမ်း

의사
ဆရာဝန်

စကားပြော 대화

안녕하세요? 제 이름은 꼬꼬예요.

유진: 안녕하세요? 저는 유진이에요.
　　　이름이 뭐예요?

꼬꼬: 안녕하세요? 제 이름은 꼬꼬예요.

유진: 꼬꼬 씨는 어디에서 왔어요?

꼬꼬: 미얀마에서 왔어요.

유진: 지금 어디에 살아요?

꼬꼬: 기숙사에 살아요.

유진: 만나서 반가워요.

꼬꼬: 저도 만나서 반가워요.

어휘 및 표현

저	ကျွန်တော်/မ	지금	အခု
이름	နာမည်	기숙사	အဆောင်
뭐(=무엇)	ဘာ	안녕하세요?	မင်္ဂလာပါ။
~씨	မောင်/မ~	N에서 왔어요.	N က လာပါတယ်။
어디	ဘယ်မှာ-	N에 살아요.	N မှာ နေပါတယ်။
미국	ဩစတြေးလျ	만나서 반가워요.	တွေ့ရတာ ဝမ်းသာပါတယ်။

덤

한국의 인사법

세계 여러 나라에는 다양한 인사법이 있습니다. 한국에서는 사람을 만나면 보통 "안녕?", "안녕하세요?" 라고 인사를 합니다. 친한 친구를 만났을 때는 손을 흔들면서 "안녕?"이라고 인사를 하면 되지만, 처음 만난 사람이나 웃어른에게는 고개를 숙이면서 "안녕하세요?"라고 인사해야 합니다. 그리고 설날이나 추석 같은 날에는 절을 하기도 합니다.

သဒ္ဒါ 문법

1. N이에요/예요

သာမန်စကားပြောဝါကျများ တည်ဆောက်ရာတွင် '–이에요/예요' ကို နာမ်၏နောက်တွင် ပေါင်းစပ်၍ အသုံးပြုနိုင်သည်။ နာမ်သည် ဗျည်းဖြင့် ဆုံးသော် '–이에요' ကိုသုံးရသည်။
နာမ်သည် သရဖြင့်ဆုံးသော် '예요' ကိုသုံးရမည်။

V_1C_1 또는 $C_1V_1C_2$	
약 사람	+ 이에요

V_1 또는 C_1V_1	
우유 남자	+ 예요

예

• 이것은

이것은 책이에요.
ဒါ စာအုပ်ပါ။

• 꼬꼬 씨는

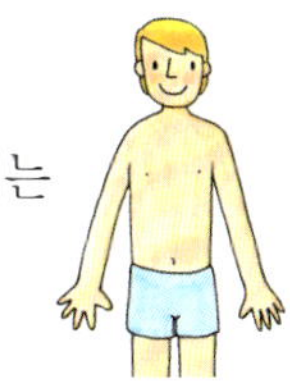

꼬꼬 씨는 남자예요.
ကိုကိုဟာ ယောကျ်ားပါ။

2. N이/가 아니에요

'N이/가 아니에요' သည် 'N이에요/예요' ၏ မဟုတ်ဝါကျ ဖြစ်သည်။
နာမ်သည် ဗျည်းဖြင့်ဆုံးသော် (V1C1 or C1V1C2 ပုံစံ) 'N이 아니에요' ကို သုံးရမည်။
နာမ်သည် သရဖြင့်ဆုံးသော် (V1 or C1V1) 'N가 아니에요' ကိုသုံးရမည်။

V_1C_1 또는 $C_1V_1C_2$	
학생 교실	+ 이 아니에요

V_1 또는 C_1V_1	
아이 친구	+ 가 아니에요

예

• 유진 씨는

유진 씨는 선생님이 아니에요.
유진 씨는 학생이에요.

• 여기는

여기는 학교가 아니에요.
여기는 은행이에요.

သဒ္ဒါ လေ့ကျင့်ခန်း 문법 연습 ❶

1. 문장을 완성하세요.

예 이것, 책 → 이것은 책이에요.

① 이것, 사진 → ______________________

② 이것, 지도 → ______________________

③ 이 사람, 회사원 → ______________________

④ 이 사람, 의사 → ______________________

2. 문장을 완성하세요.

예 여기, 학교 → 여기는 학교가 아니에요.

① 그것, 책상 → ______________________

② 그것, 의자 → ______________________

③ 그 사람, 학생 → ______________________

④ 그 사람, 친구 → ______________________

3. 대화를 완성하세요.

예

가. 유진 씨는 미국 사람이에요?

나. 아니요, 미국 사람이 아니에요.

한국 사람이에요.

① 가. 꼬꼬 씨는 의사예요?

나. 아니요, ______________________

____

② 가. 마이클 씨는 선생님이에요?

나. 아니요, ______________________

____

◈ ဝေါဟာရနှင့်ရှင်းလင်းချက် 어휘 & 표현 ❶

1. 【보기】에서 그림에 알맞은 단어를 찾아 쓰세요.

> **보기** 여권, 지도, 책, 은행

① 

은행 ________

② 

____

③ 

____

④ 

____

2. 【보기】에서 알맞은 표현을 골라 쓰세요.

> **보기** 만나서 반가워요, 이름이 뭐예요?, 어디에 살아요?, 어디에서 왔어요?

유진 : 안녕하세요? 저는 유진이에요. ① ____________________

꼬꼬 : 안녕하세요? 제 이름은 꼬꼬이에요.

유진 : 꼬꼬 씨는 ② ____________________

꼬꼬 : 미얀마에서 왔어요.

유진 : ③ ____________________

꼬꼬 : 기숙사에 살아요.

유진 : ④ ____________________

ပစ္စည်းကိရိယာများ

제2과 여러 가지 사물

ရုပ်ပုံပြအဘိဓာန် 그림사전

명사	နာမ်များ
공책	ဗလာစာအုပ်
교실	စာသင်ခန်း
교통카드	ဘတ်စ်ကားကတ်
그것	အဲဒီဟာ
눈	မျက်လုံး
다리	ခြေထောက်
돈	ပိုက်ဆံ
머리	ဦးခေါင်း
머리카락	ဆံပင်
무릎	ဒူး
문	တံခါး
방	အခန်း
소지품	မိမိပိုင်ပစ္စည်း
손	လက်
신체	ခန္ဓာကိုယ်
열쇠	သော့
은행카드	ဘဏ်ကတ်
이것	ဒီဟာ၊ဒီပစ္စည်း
입	ပါးစပ်
저것	ဟိုဟာ၊ဟိုပစ္စည်း
전자사전	အီလက်ထရောနစ် အဘိဓာန်
지갑	ပိုက်ဆံအိတ်
창문	တခါးပေါက်
책	စာအုပ်
책상	စာရေးစားပွဲ
칠판	ကျောက်သင်ပုန်း
코	နှာခေါင်း
팔	လက်
팔꿈치	လက်ဖနောင့်
펜	ဘောလ်ပင်
학생증	ကျောင်းသားကတ်
화장품	အလှကုန်ပစ္စည်း
휴대폰	လက်ကိုင်ဖုန်း
휴지	တစ်ရှူး(စက္ကူ)

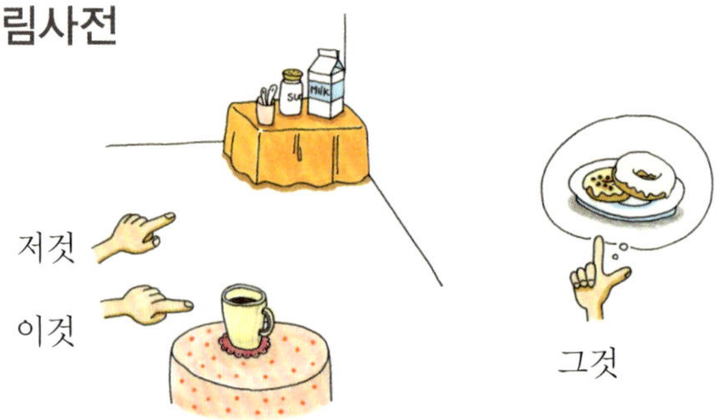

방 အခန်း

소지품 ကိုယ်ပိုင်ပစ္စည်းများ

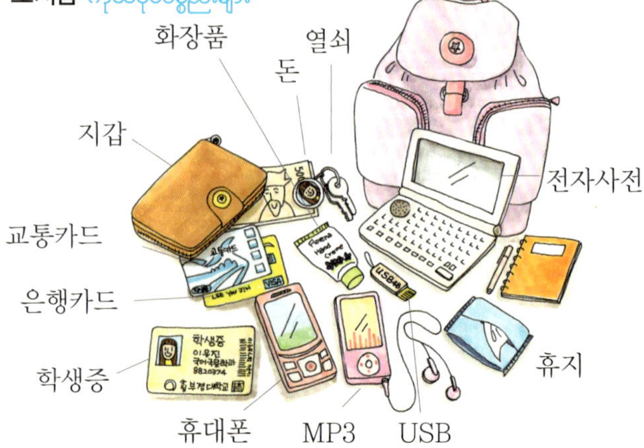

အခန်း 교실

ခန္ဓာကိုယ် 몸

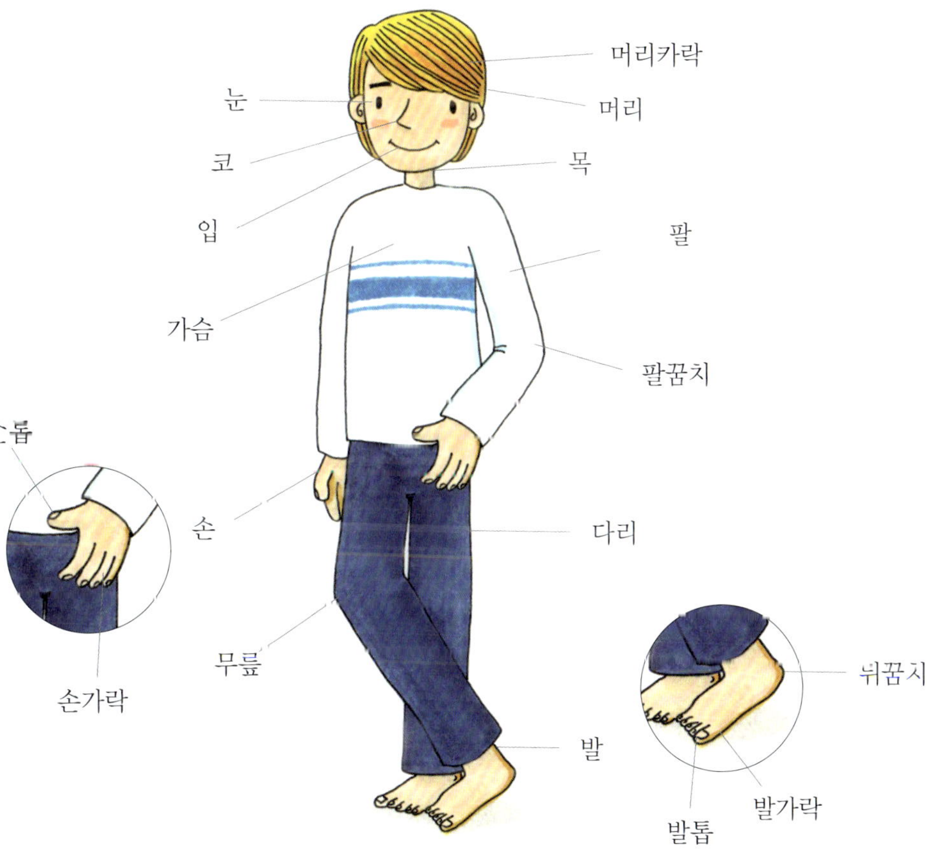

စကားပြော 대화

이것이 뭐예요?

유진: 이것이 뭐예요?

꼬꼬: 이것은 한국어 책이에요.

유진: 한국어를 배워요?

꼬꼬: 네, 한국어를 배워요.

유진: 어디에서 한국어를 공부해요?

꼬꼬: 부경대학교에서 한국어를 공부해요.

어휘 및 표현

뭐(=무엇)	ဘာ	에서	-မှာ
한국어	ကိုရီးယားဘာသာစကား	공부하다	စာကျက်-
네	ဟုတ်ကဲ့	부경대학교	ဘူဂယောင်း တက္ကသိုလ်
배우다	သင်ယူ-	N에서 + V	V in/at N N-မှ + V
어디	ဘယ်		

덤

준말

한국어의 '무엇'은 '뭐'로 짧게 줄여 쓸 수 있습니다. '뭐'처럼 짧게 줄여 쓴 말을 '준말'이라고 합니다. 한국어에는 '뭐' 외에도 준말이 많이 있는데, '이것이'는 '이게', '저것이'는 '저게', '그것이'는 '그게' 등으로 줄여 쓸 수 있습니다.

	+이/가	+은/는	+을/를
이것	이것이 = 이게	이것은 = 이건	이것을 = 이걸
저것	저것이 = 저게	저것은 = 저건	저것을 = 저걸
그것	그것이 = 그게	그것은 = 그건	저것은 = 저건

သဒ္ဒါ 문법

1. N이/가

'–이/가' သည် ဂါကျတွင် ကတ္တားကို ညွှန်ပြသော အဓိကနေရာတွင် တာဝန် ယူရသည်။
နာမ်များသည် ဗျည်းဖြင့်ဆုံးသော် '–이', ကိုသုံးရမည်
နမ်များသည် သရဖြင့်ဆုံးသော် '–가 ကိုသုံးရမည်။

V_1C_1 또는 $C_1V_1C_2$	
이것 선생님	+ 이

V_1 또는 C_1V_1	
여기 학교	+ 가

예

• 이것이 책상이에요.

• 꼬꼬가 공부해요.

2. N은/는

'–은/는' သည်တစ်စုံတစ်ယောက် သို့မဟုတ် တစ်စုံတစ်ခုကို မိတ်ဆက်ရာတွင် သုံးသည်။
နာမ်များသည် ဗျည်းနှင့်ဆုံးသော် '–은' ကိုသုံးရသည်။
နာမ်များသည် သရနှင့်ဆုံးသော် '–는' ကိုသုံးရသည်။

V_1C_1 또는 $C_1V_1C_2$	
교실 한국	+ 은

V_1 또는 C_1V_1	
아버지 친구	+ 는

1) ပြောသူနှင့် နားထောင်သူ နှစ်ဦးစလုံးက သိထားပြီးသော အကြောင်းအရာ သို့မဟုတ် ယခင်ကပင် ရှိနှင့်ပြီးသော အကြောင်းအရာများအတွက် ရေးရာ၊ ပြောရာတွင် သုံးသည်။

예

- 옛날에 꼬꼬 씨가 살았어요. → 새로운 정보 သတင်းအသစ်
  ဟိုးအရင်တုန်းက (ဒီမှာ) ကိုကိုလို့ ခေါ်တဲ့ လူနေခဲ့တယ်။
- 꼬꼬 씨는 미얀마 사람이었어요. → 알고 있는 정보 သိနှင့်ပြီးသား သတင်း
  ကိုကိုသည်မြန်မာနိုင်ငံသား ဖြစ်သည်။

예

- 꼬꼬: 여기가 어디예요?
  유진: 여기는 우체국이에요.

- 꼬꼬: 우체국이 어디예요?
  유진: 여기가 우체국이에요.

2) ‘은/는’ ကိုအကြောင်းအရာနှစ်ခု နှိုင်းယှဉ်ရာတွင်လည်း အသုံးပြုနိုင်သည်။
ထိုသို့အသုံးပြုရာတွင်(-ကတော့)ဟူ၍ အဓိပ္ပာယ်ပြန်ဆိုနိုင်သည်။

예
- 저는 키가 커요. 하지만 제 동생은 키가 작아요.
- 지금 한국은 여름이에요. 하지만 호주는 겨울이에요.
- 여름은 더워요. 하지만 겨울은 추워요.

3. N을/를

‘-을/를’ သည် ကံလိုကြိယာအတွက် ဖြည့်စွက်ရသော ကံပုဒ်ကို ညွှန်ပြသောပစ္စည်းဖြစ်သည်။
နာမ်များသည် ဗျည်းဖြင့်ဆုံသော ‘-을’ ကိုသုံးရသည်။
နာမ်များသည် သရဖြင့်ဆုံးသော ‘-를’ ကိုသုံးရသည်။

V_1C_1 또는 $C_1V_1C_2$	
밥 신문	+ 을

V_1 또는 C_1V_1	
커피 노래	+ 를

예
- 꼬꼬 씨가 밥을 먹어요.
- 어머니가 커피를 마셔요.
- 아버지가 신문을 읽어요.
- 유진 씨가 노래를 불러요.

◎ နေ့စဉ်မှတ်တမ်း 일기

2010년 9월 1일 수요일　　날씨: 맑음 ☼

오늘은 학교에 가요.

한국어 수업이 있어요.

한국어 선생님하고 친구들을 만나요.

한국어 선생님은 친절해요.

우리 반 친구들은 한국어 공부를 열심히 해요.

한국어 공부가 아주 재미있어요.

သဒ္ဒါ လေ့ကျင့်ခန်း 문법 연습 ❷

1. 【보기】에서 알맞은 것을 골라 쓰세요.

보기 이/가, 을/를, 은/는

① 저(는) 학생이에요.

② 아니요, 지도(　　) 아니에요.

③ 꼬꼬 씨는 한국어(　　) 공부해요.

④ 제 이름(　　) 유진이에요.

⑤ 어머니가 밥(　　) 먹어요.

2. 그림을 보고 '이것', '그것', '저것'을 넣어 대화를 완성하세요.

① 꼬꼬 : 이것이 책이에요?
　유진 : 네, 책이에요.

② 꼬꼬 : ________ 컴퓨터예요?
　유진 : 네, 컴퓨터예요.

③ 꼬꼬 : ________ 전자사전이에요?
　유진 : 네, 전자사전이에요.

④ 꼬꼬 : ________ 화장품이에요?
　유진 : 네, 화장품이에요.

ဝေါဟာရနှင့်ရှင်းလင်းချက် 어휘 & 표현 ❷

1. 다음 그림을 보고 단어가 그림에 있으면 ○, 없으면 ×표 하세요.

① 돈 (O) ② 책 ( ) ⑤ 교통카드 ( ) ⑥ 창문 ( )
③ 휴대폰 ( ) ④ 전자사전 ( ) ⑦ 휴지 ( ) ⑧ 문 ( )

2. 다음 그림을 보고 신체 부분을 쓰세요.

① ____________

② ____________

③ ____________

④ ____________

⑤ ____________

3. 【보기】에서 알맞은 단어를 골라 쓰세요.

보기	뭐, 어디

① 가 : ________에서 한국어를 공부해요?
나 : 부경대학교에서 한국어를 공부해요.

② 가 : 이것이 ________예요?
나 : 그것은 책이에요.

ကျောင်းတွင်းလှုပ်ရှားမှုများ

제3과 학교생활

ရုပ်ပုံပြအဘိဓာန် 그림사전

명사 နာမ်များ

공부	လေ့လာခြင်း၊ သင်ယူခြင်း
공항	လေဆိပ်
교실	စာသင်ခန်း
도서관	စာကြည့်တိုက်
동아리	ကုန်တိုက်
백화점	စာအုပ်
사무실	ရုံးခန်း
성적	အမှတ်/အဆင့်
성적표	အမှတ်စာရင်း / အဆင့်မှတ်တမ်း
수강신청	အတန်းဝင်ခွင့်လျှောက်ထားခြင်း
수업	အတန်း(သင်ခန်းစာ)
숙제	အိမ်စာ
시험	စာမေးပွဲ
식당	စားသောက်ဆိုင်
우체국	စာတိုက်
은행	ဘဏ်
집	အိမ်
학교	ကျောင်း
학비	ကျောင်းလခ
학생증	ကျောင်းသားကတ်
회사	ကုမ္ပဏီ

동사 ကြိယာများ

가다	သွားသည်
내다	ပေးသည်
듣다	ကြားသည်
받다	ရရှိသည်
하다	လုပ်သည်
빌리다	ချေးသည်
입학하다	ကျောင်းတက်သည်
졸업하다	ဘွဲ့ရသည်

기타 အခြား

~에서	မှ/မှာ

표현 အသုံးပြုသော ပုံစံများ

시험을 치다/보다
စာမေးပွဲ ဖြေသည်။

학교에 가다

학비를 내다

수강신청(을) 하다

수업을 듣다

N(장소)에 가다

N(နေရာ)သို့ သွားသည်။

장소	
집	은행
학교	우체국
교실	서점
사무실	백화점
회사	공항
식당	도서관

집에 가다

은행에 가다

교실에 가다

식당에 가다

질문하다

대답하다

공부하다

숙제하다

숙제를 내다

책을 빌리다

동아리에 들다

시험을 치다/보다

성적표를 받다

입학하다

졸업하다

학생증

စကားပြော 대화

지금 어디에 가요?

유진: 꼬꼬 씨, 오늘 수업이 있어요?

꼬꼬: 아니요. 수업이 없어요.

유진: 그러면 지금 어디에 가요?

꼬꼬: 도서관에 가요.

유진: 도서관에서 무엇을 해요?

꼬꼬: 도서관에서 숙제를 해요.

유진 씨는 어디에 가요?

유진: 저는 영화관에 가요.

친구하고 약속이 있어요.

어휘 및 표현

오늘	ဒီနေ့	무엇	ဘာ
수업	သင်ခန်းစာ(အတန်း)	약속	ချိန်းဆိုခြင်း၊ ကတိပြုခြင်း
있다	ရှိသည်၊ဖြစ်သည်	N이/가 있어요	-ရှိပါသည် / -ရှိပါတယ်။
없다	မ-ရှိပါ၊ မ-ဖြစ်ပါ	N이/가 없어요	- မရှိပါ / -မရှိပါဘူး။
그러면	ဒါဆိုရင်	N에서 + V	- မှ / က + V
가다	သွားသည်	N하고	N- နှင့်/နဲ့

덤

영화표 예매 사이트

영화관에 가기 전에 미리 인터넷으로 영화표를 예매하면 편리합니다. 다음은 영화표를 예매할 수 있는 영화관 홈페이지입니다. 아래의 사이트에서 최신 개봉작과 영화 상영시간표를 확인하고, 영화표도 예매해 보세요.

http://www.cgv.co.kr CGV
http://www.cinus.co.kr 씨너스
http://www.primuscinema.com 프리머스 시네마
http://www.megabox.co.kr 메가박스
http://www.lottecinema.co.kr 롯데시네마

သဒ္ဒါ 문법

1. V · A아요/어요/여요

'–아요/어요/여요' သည် ယဉ်ကျေးမှုအပြောသုံး ဝါကျ၏နောက်ဆက်ဖြစ်၍ ပစ္စုပ္ပန်ကာလကို ဖော်ပြသည်။
နောက်ဆုံး စကားလုံးတွင် -ㅏ သို့မဟုတ် –ㅓ သရ ဖြင့်ဆုံးသော် '–아요' ကို အသုံးပြုရမည်။
နောက်ဆုံးစကားလုံးတွင် -ㅏ သို့မဟုတ် -ㅗသရဖြင့် မဆုံးဘဲ အခြား ကျန်သရများဖြင့် ဆုံးသော်'–어요' ကိုသုံးရမည်။
နောက်ဆုံး စကားလုံးသည် '하다' ဖြင့် ဆုံးလျှင် '–여요' ကို သုံးရမည်။ '–하여요' ကိုမူ
'해요' အဖြစ် အတိုကောက် အသုံးပြုနိုင်သည်။

ㅗ, ㅏ	가다 သွား-	가/+ 아요	→	가요
	오다 လာ-	오/+ 아요	→	와요
	앉다 ထိုင်-	앉/+ 아요	→	앉아요
ㅗ, ㅏ 제외한 모음 (ㅜ, ㅓ, ㅡ, ㅣ…)	먹다 စား-	먹/ + 어요	→	먹어요
	웃다 ရယ်-	웃/ + 어요	→	웃어요
	배우다 သင်ယူ-	배우/ + 어요	→	배워요
	마시다 သောက်-	마시/ + 어요	→	마셔요
'하다' 동사	공부하다 လေ့လာ-	공부하/ + 여요	→	공부해요
	사랑하다 ချစ်-	사랑하/ + 여요	→	사랑해요
	좋아하다 ကြိုက်-	좋아하/ + 여요	→	좋아해요

[참고]
ကိုရီးယားဘာသာစကားတွင် အပြောပုံစံ နှစ်မျိုး ရှိသည်။ သာမန်ပုံစံနှင့် ယဉ်ကျေးမှုပုံစံတို့ ဖြစ်သည်။
ဤစာအုပ်တွင် အသံမမြှင့်ဘဲ အများဆုံး ရှင်းပြသွားမည်။ အကြောင်းမှာ ၎င်းပုံစံကို ကိုရီးယားလူမျိုးများအနေဖြင့်
နေ့စဉ်အများဆုံး ပြောဆိုအသုံးပြုနေကြသောကြောင့် ဖြစ်သည်။
ယဉ်ကျေးမှုပုံစံ '–습니다/ㅂ니다' သည် လူအများရှေ့တွင် ပြောဆိုသောအခါနှင့်
အရေးပုံစံတို့တွင် အသုံးများသည်။
ကြိယာ သို့မဟုတ် နာမဂိသေသနစကားလုံးတွင် ဗျည်း ဖြင့်ဆုံးသော် '–습니다' ကို သုံးရမည်။
သရဖြင့်ဆုံးသော် '–ㅂ니다' ကို သုံးရမည်။

V_1C_1 또는 $C_1V_1C_2$	먹다	먹/ + 습니다	→	먹습니다
	없다	없/ + 습니다	→	없습니다
V_1 또는 C_1V_1	오다	오/ + ㅂ니다	→	옵니다
	크다	크/ + ㅂ니다	→	큽니다

2. V · A아요/어요/여요?

'–아요/어요/여요.' ဝါကျတွင် အမေးသင်္ကေတ ပေါင်း၍ နောက်ဆုံးစကားလုံး '요' ကို အသံမြှင့်ပြီးရွတ်ဆို လိုက်လျှင် မေးခွန်း ဖြစ်သွားသည်။ (အကယ်၍ '요' စကားလုံးကို အသံမမြှင့်ဘဲ ပုံမှန်အသံဖြင့် ရွတ်ဆိုပါက ထုတ်ဖော်ဝါကျသာလျှင် ဖြစ်သည်။)

동사	평서문	의문문
가다	가요.	가요?
먹다	먹어요.	먹어요?
좋아하다	좋아해요.	좋아해요?

3. 안 V · A아요/어요/여요

'안 V·A어요/아요/여요' သည် '–아요/어요/여요'. ၏ မဟုတ်ဝါကျ ဖြစ်သည်။
ဤနေရာတွင် '하다' ကြိယာပုံစံ အတွက် အဟုတ်ဝါကျပုံစံမှာ 'N+하다' ဖြစ်၍ မဟုတ်ဝါကျပုံစံမှာ 'N 안 해요' ဖြစ်သည်။

동사	긍정문	부정문
가다	가요	안 가요
먹다	먹어요	안 먹어요
좋아하다	좋아해요	안 좋아해요
※공부하다	공부해요	공부 안 해요
※운동하다	운동해요	운동 안 해요

예

• 밥을 먹어요?

네. 밥을 먹어요.

아니요. 밥을 안 먹어요.

• 한국 친구가 있어요?

네. 있어요.

아니요. 없어요.

• 운동해요?

네. 운동해요.

아니요. 운동 안 해요.

နေ့စဉ်မှတ်တမ်း 일기

2010년 9월 10일 금요일 날씨: 흐림

오늘은 숙제가 많아요.

그래서 저는 도서관에 가요.

도서관에서 숙제를 해요.

저녁에 유진 씨하고 약속이 있어요.

유진 씨는 제 한국 친구예요.

우리는 영화관에서 만나요.

같이 영화를 봐요.

영화가 정말 재미있어요.

	맑음	흐림	비	눈
날 씨	☼	☁	☂	☃

◈ သဒ္ဒါ လေ့ကျင့်ခန်း 문법 연습 ❸

1. 다음을 바꿔 쓰세요.

① 은행에 가다 ⇨ 은행에 가요.

② 수강 신청을 하다 ⇨ ________

③ 도서관에 오다 ⇨ ________

④ 저는 학생이다 ⇨ ________

⑤ 이것은 책이 아니다 ⇨ ________

2. 다음 그림을 보고 대화를 완성하세요.

① 가 : 꼬꼬 씨가 은행에 가요?

나 : 아니요, 은행에 안 가요.

학교에 가요.

② 가 : 꼬꼬 씨가 공부해요?

나 : 아니요, ________

____

③ 가 : 유진 씨가 입학해요?

나 : 아니요, ________

____

④ 가 : 꼬꼬 씨가 숙제를 내요?

나 : 아니요, ________

____

ဝေါဟာရနှင့်ရှင်းလင်းချက် 어휘 & 표현 ③

1. 관계있는 단어를 연결하세요.

① 입학을	㉠ 내다
② 학비를	㉡ 보다
③ 시험을	㉢ 들다
④ 동아리에	㉣ 하다

2. 다음 그림을 보고 빈 칸을 채우세요.

①

집

②

	교

③

	무	

④

	당

⑤

	행

⑥

교	

အရေအတွက်

제4과 숫자 말하기

ရုပ်ပုံပြအဘိဓာန် 그림사전

명사	နာမ်များ
~개	-ခု (အရေအတွက်)
고유어	ကိုယ်ပိုင်ဘာသာစကား
날짜	နေ့ရက်
냉장고	ရေခဲသေတ္တာ
년	နှစ်
달	လ
돈	ပိုက်ဆံ
동물	တိရိစ္ဆာန်
~마리	-ကောင် (အရေအတွက်)
~명	-ယောက် (အရေအတွက်)
몸무게	ကိုယ်အလေးချိန်
방	အခန်း
~병	-လုံး (အရေအတွက်)
~분	-မိနစ် (အရေအတွက်)
사과	ပန်းသီး
숫자	အရေအတွက်(ကိန်းဂဏန်း)
~시	-နာရီ
시간	အချိန်
~원	-ဝမ် (အရေအတွက်)
~월	-လ (အရေအတွက်)
음료수	အချိုရည်
~일	-ရက် (အရေအတွက်)
자동차	ကား
~잔	-ခွက် (အရေအတွက်)
종이	စာရွက်
~층	-ထပ် (အရေအတွက်)
컴퓨터	ကွန်ပြူတာ
키	အရပ်
표	လက်မှတ်

돈

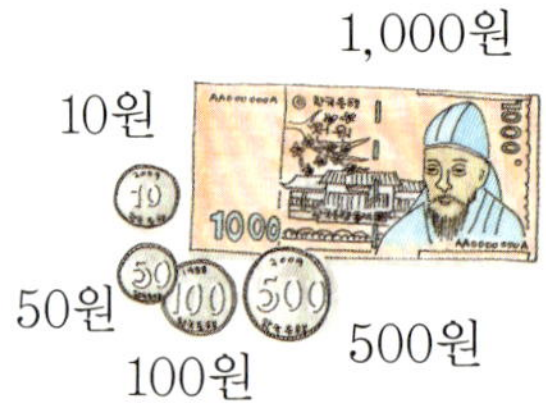

층

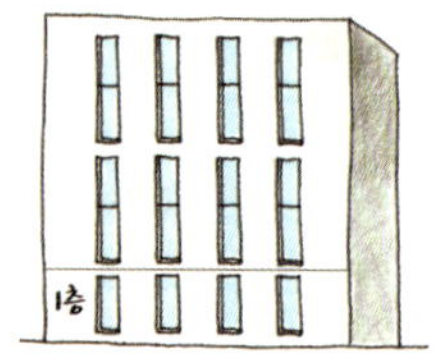

1층

방

406호

키 / 몸무게

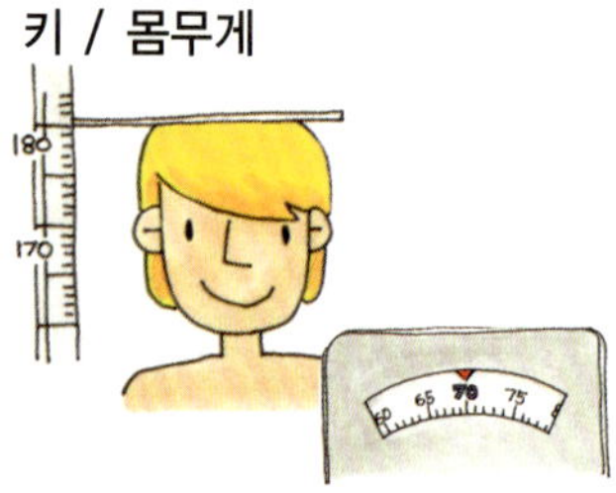

180cm, 70kg

날짜

10월 9일

시간

2시 15분

달이름 လအမည်များ

1월	2월	3월	4월	5월	6월
일월	이월	삼월	사월	오월	유월
7월	8월	9월	10월	11월	12월
칠월	팔월	구월	시월	십일월	십이월

ရှေးဟောင်းကိုရီးယားစာ(တရုတ်စာ) ရေတွက်ပုံ 한자어 숫자

1	2	3	4	5	6	7	8	9
일	이	삼	사	오	육	칠	팔	구
10	20	30	40	50	60	70	80	90
십	이십	삼십	사십	오십	육십	칠십	팔십	구십

100	1,000	10,000	100,000	1,000,000	10,000,000	100,000,000
백	천	만	십만	백만	천만	억

ကိုရီးယားကိုယ်ပိုင်စာ ရေတွက်ပုံ 고유어 숫자

1	2	3	4	5	6	7	8	9
하나	둘	셋	넷	다섯	여섯	일곱	여덟	아홉
10	20	30	40	50	60	70	80	90
열	스물	서른	마흔	쉰	예순	일흔	여든	아흔

※ '하나, 둘, 셋, 넷' ကို ရေတွက်သော မျိုးပြပစ္စည်းများနှင့် ပေါင်းသောအခါတွင် '한, 두, 세, 네' အဖြစ် ပြောင်းလဲ ခေါ်ဆိုရသည်။

'하나, 둘, 셋, 넷' + မျိုးပြပစ္စည်းများ

사람

사람 / 명　　분

동물

마리

물건(사과, 의자…)

개

종이, 표, CD…

장

자동차, 냉장고, 김퓨티…

대

음료수

병　　잔

◉ စကားပြော 대화

생일이 몇 월 며칠이에요?

유진: 꼬꼬 씨, 꼬꼬 씨 생일이 몇 월 며칠이에요?

꼬꼬: 제 생일은 9월 10일이에요.

유진 씨 생일은 언제예요?

유진: 제 생일은 다음 주 월요일이에요.

꼬꼬: 생일에 무엇을 해요?

유진: 생일에 친구를 초대해요.

친구하고 파티를 해요.

어휘 및 표현

생일	မွေးနေ့	주	ရက်သတ္တပတ်
몇	ဘယ်လောက်/ ဘယ်(- လ)	월요일	တနင်္လာနေ့
월	လ	초대하다	ဖိတ်ကြား
며칠	ဘယ်ရက်	파티	ပါတီ
언제	ဘယ်အချိန်	N하고 + V	N နှင့်အတူ + V
다음	နောက်		

덤

생일 축하 노래

한국에서는 생일 아침에 미역국을 먹습니다.

그리고 생일 파티를 할 때는 생일 축하 노래를 부르고 케이크를 먹습니다.

한국어로 생일 축하 노래를 같이 불러 볼까요?

생일 축하합니다. 생일 축하합니다. 사랑하는 OO의 생일 축하합니다. ♫

သဒ္ဒါ 문법

1. 한자어 숫자 | ရှေးဟောင်းကိုရီးယားစာ (တရုတ်စာ)

ရှေးဟောင်းကိုရီးယားစာ (တရုတ်စာ)အရေအတွက်ပုံစံကို နေ့၊ ဈေးနှုန်း၊ မိနစ်၊ အထပ်(တိုက်ခန်း၊ စင် စသည်)၊ အခန်းနံပါတ်များ၊ ကီလိုဂရမ်၊ စင်တီမီတာ စသည်တို့တွင် အသုံးပြုသည်။

1 일	월
2 이	일
3 삼	원
4 사	분
5 오	층
6 육	호
7 칠	kg
…	cm

예
- 오늘은 11월 2일이에요. 십일 월 이 일
- 이 가방은 5만 원이에요. 오만 원
- 식당이 3층에 있어요. 삼 층

2. 고유어 숫자 | ကိုရီးယားကိုယ်ပိုင်စာ

ကိုရီးယားကိုယ်ပိုင်စာဖြင့် သုံးသော အရေအတွက်စနစ်ကိုမူ လူ နှင့် တိရစ္ဆာန်များ ရေတွက်ရာတွင် လည်းကောင်း၊ အရာဝတ္ထုများကိုရေတွက်ရာနှင့် အချိန်နာရီ၊ အသက်တို့ကို ရေတွက်ရာတွင် လည်းကောင်း အသုံးပြုသည်။

1 한	사람 / 명
2 두	분
3 세	마리
4 네	개
5 다섯	장
6 여섯	대
7 일곱	병
…	잔
	시

예
- 우리 반에 학생이 7명 있어요. 일곱 명
- 교실에 책상이 8개 있어요. 여덟 개
- 지금 12시예요. 열두 시

သဒ္ဒါ လေ့ကျင့်ခန်း 문법 연습 ❹

1. 다음 【보기】에서 알맞은 단어를 골라 쓰세요.

보기	명, 장, 개, 마리, 대, 잔, 병

① 친구를 두 명 만나요.

② 콜라가 ______ 있어요.

③ 커피를 ______ 마셔요.

④ 사과를 ______ 먹어요.

⑤ 개가 ______ 있어요.

⑥ 컴퓨터가 ______ 있어요.

2. 다음 문장에서 밑줄 친 숫자를 한글로 쓰세요.

① 교실은 1층에 있어요. ⇨ 일

② 오늘은 10월 27일이에요. ⇨

③ 저는 키가 180cm예요. ⇨

④ 저는 몸무게가 70kg이에요. ⇨

3. 다음 문장에서 밑줄 친 숫자를 한글로 쓰세요.

① 한국 친구가 10명 있어요. ⇨ 열

② 교실에 책상이 30개 있어요. ⇨

③ CD 15장을 받아요. ⇨

④ 커피가 6잔 있어요. ⇨

ဝေါဟာရနှင့်ရှင်းလင်းချက် 어휘 & 표현 ④

1. 다음 달력을 보고 날짜를 한글로 쓰세요.

① 이천년 일월 일일이에요. ② ____________

③ ____________ ④ ____________

2. 다음 (　　)에 알맞은 숫자를 쓰세요.

① 오월 – (　　) – 칠월 – 팔월 – (　　) – (　　) – 십일월

② 하나 – (　　) – (　　) – 넷 – 다섯 – (　　) – 일곱 – (　　)

3. 【보기】에서 알맞은 표현을 골라 쓰세요.

보기	몇 월 며칠이에요?, 언제예요?, 무엇을 해요?

① 유진 : 꼬꼬 씨, 생일이 ____________?

꼬꼬 : 제 생일은 12월 14일이에요.

② 꼬꼬 : 유진 씨 생일은 ____________?

유진 : 제 생일은 다음 주 월요일이에요.

③ 꼬꼬 : 생일에 ____________?

유진 : 생일에 친구를 초대해요. 친구하고 파티를 해요.

နေ့စဉ်လုပ်ငန်း

제5과 하루 일과

ရုပ်ပုံပြအဘိဓာန် 그림사전

명사	နာမ်များ
낮	နေ့
도서관	စာကြည့်တိုက်
밤	ည
새벽	အာရုံ
샤워	ရေချိုးသည်
세수	မျက်နှာသစ်သည်
수업	အတန်း
아침	နံနက်
아침(밥)	နံနက်စာ
오전	နံနက်ပိုင်း
오후	ညနေပိုင်း
운동	လေ့ကျင့်ခန်း
이	သွား
인터넷	အင်တာနက်
잠	အအိပ်(အိပ်စက်ခြင်း)
저녁	ညနေ
저녁(밥)	ညစာ
점심	နေ့လယ်
점심(밥)	နေ့လယ်စာ
친구	သူငယ်ချင်း
컴퓨터	ကွန်ပြူတာ
텔레비전	တီဗီ(ရုပ်မြင်သံကြား)
학교	ကျောင်း

동사	ကြိယာများ
끝나다	ပြီးဆုံးသည်
닦다	သုတ်သည်
돌아가다	လှည့်ပြန်သွားသည်
먹다	စားသည်
보다	ကြည့်သည်/ မြင်သည်/
시작하다	စတင်သည်
일어나다	ထသည်
자다	အိပ်သည်

일어나다

세수를 하다

이를 닦다

샤워를 하다

아침/점심/저녁을 먹다

수업이 시작하다/끝나다

친구를 만나다

텔레비전을 보다

운동을 하다

인터넷을 하다

잠을 자다

အချိန်ပြ စကားပြောခြင်း 시간 말하기

		시 (နာရီ)
1	한	
2	두	
3	세	
4	네	
5	다섯	
6	여섯	
7	일곱	
8	여덟	
9	아홉	
10	열	
11	열한	
12	열두	

		분 (မိနစ်)
1	한	
2	두	
3	세	
4	네	
5	다섯	
30	삼십	
56	오십육	
57	오십칠	
58	오십팔	
59	오십구	

1:00 한 시
2:15 두 시 십오 분
3:27 세 시 이십칠 분
6:30 여섯 시 삼십 분 (=여섯 시 반)
8:41 여덟 시 사십일 분
9:30 아홉 시 삼십 분
11:59 열한 시 오십구 분
12:00 열두 시

낮  밤

စကားပြော 대화

꼬꼬 씨의 하루

저는 어제 아침 7시에 일어났어요.

7시에 샤워를 했어요.

그리고 8시에 아침을 먹었어요.

9시에 학교에 갔어요.

10시부터 12시까지 한국어 수업이 있었어요.

12시에 식당에서 점심을 먹었어요.

낮에 도서관에 갔어요.

도서관에서 책을 읽었어요.

5시에 집에 왔어요.

집에서 저녁을 먹었어요.

밤에 인터넷을 했어요.

숙제도 했어요.

11시에 잠을 잤어요.

어휘 및 표현

보통	- နေကျ/ ပုံမှန်	읽다	ဖတ်-
한국어	ကိုရီးယားဘာသာစကား	N(시간)에	N(အချိန်၊ နေ့)မှာ
그리고	ပြီးတော့၊ ပြီးရင်	N1부터 N2까지	N1 မှ N2 အထိ
수업	အတန်း	N도	N လည်းပဲ / လည်း / ရော
책	စာအုပ်		

သဒ္ဒါ 문법

1. V · A았어요/었어요/였어요

'–았어요/었어요/였어요' သည် အတိတ်ကို ဖော်ပြသောဝါကျပုံစံ ဖြစ်သည်။
နောက်ဆုံး စကားလုံးတွင် -ㅏ သို့မဟုတ် –ㅗ သရ ဖြင့်ဆုံးသော် '–았어요' ကို အသုံးပြုရ
နောက်ဆုံး စကားလုံးတွင် -ㅓ သို့မဟုတ် -ㅗ သရဖြင့် မဆုံးဘဲ အခြားကျန် သရများဖြင့် ဆုံးသော် '–었어요' ကိုသုံးရမည်။
နောက်ဆုံး စကားလုံးသည် '하다' ဖြင် ဆုံလျှင် '–였어요' ကိုသုံးရမည်။

ㅗ, ㅏ	가다 သွားသည်	가/+ 았어요	→	갔어요
	오다 လာသည်	오/+ 았어요	→	왔어요
	앉다 ထိုင်သည်	앉/+ 았어요	→	앉았어요
ㅗ, ㅏ 제외한 모음 (ㅜ, ㅓ, ㅡ, ㅣ…)	먹다 စားသည်	먹/ + 었어요	→	먹었어요
	웃다 ရယ်သည်	웃/ + 었어요	→	웃었어요
	배우다 သင်ယူသည်	배우/ + 었어요	→	배웠어요
	마시다 သောက်သည်	마시/ + 었어요	→	마셨어요
'하다' 동사	공부하다 လေ့လာသည်	공부하/ + 였어요	→	공부했어요
	사랑하다 ချစ်သည်	사랑하/ + 였어요	→	사랑했어요
	좋아하다 ကြိုက်သည်	좋아하/ + 였어요	→	좋아했어요

예

현재	과거
오늘 비가 와요.	어제 비가 왔어요.
저는 학교에 가요.	저는 학교에 갔어요.
꼬꼬 씨는 지금 밥을 먹어요.	꼬꼬 씨는 아까 밥을 먹었어요.
영화가 재미있어요.	영화가 재미있었어요.
지금 숙제를 해요.	어제 밤에 숙제를 했어요.

သဒ္ဒါ လေ့ကျင့်ခန်း 문법 연습 ❺

1. 다음을 바꿔 쓰세요.

① 와요 ⇨ 왔어요.
② 공부해요 ⇨
③ 마셔요 ⇨
④ 배워요 ⇨
⑤ 먹어요 ⇨
⑥ 웃어요 ⇨

2. 그림을 보고 질문에 대답하세요.

① 가 : 어제 아침에 무엇을 했어요?
나 : 운동했어요.

② 가 : 어제 낮에 무엇을 했어요?
나 :

③ 가 : 어제 밤에 무엇을 했어요?
나 :

ဝေါဟာရနှင့်ရှင်းလင်းချက် 어휘 & 표현 ❺

1. 사람들이 무엇을 해요? 【보기】에서 알맞은 단어를 골라 쓰세요.

보기			
	• 인터넷을 하다	• 운동을 하다	• 이를 닦다
	• 친구를 만나다	• 샤워를 하다	• 세수를 하다

① 운동을 하다.

②

③

④

⑤

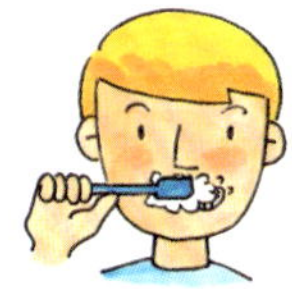

⑥

2. 다음 그림을 보고 문장을 완성하세요.

① 9시부터 12시까지 수업을 들었어요.

② ______________________

③ ______________________

ခရီးသွားခြင်း

제6과 교통수단 이용하기

ရုပ်ပုံပြအဘိဓာန် 그림사전

명사	နာမ်များ
교통카드	ယာဉ်စီးကတ်
노선도	လမ်းပြမြေပုံ
단말기	ယာဉ်စီးကတ်အား စကန်ဖတ်သော စက်
버스	ဘတ်စ်ကား
버스정류장	ကားမှတ်တိုင်
벨	ဘဲ လ်း
손잡이	လက်ကိုင်
요금	ဈေးနှုန်း
자리	ထိုင်ခုံ
줄	အတန်း(စီထားသော)
지하철	မြေအောက်ရထား
출구	ထွက်ပေါက်
택시비	တက္ကစီ ခ
표	လက်မှတ်

동사	ကြိယာများ
갈아타다 (ကား/ရထား)လိုင်းပြောင်းစီးသည်	
기다리다	စောင့်သည်
나오다	ထွက်လာသည်
내다	ပေးသည်
내리다	ဆင်းသည်
넣다	တင်သည်
누르다	နှိပ်သည်
대다	ကပ်သည်/တည်သည်
서다	ရပ်သည်(မတ်တပ်)
세우다	(ဆွဲ)ထောင်သည်
앉다	ထိုင်သည်
잡다	ဖမ်းသည်
타다	စီးသည်

표현	အသုံးပြုသော ပုံစံများ
줄을 서다	အတန်းစီသည်။

버스를 기다리다

버스를 타다

버스 요금을 내다

교통카드를 (단말기에) 대다

손잡이를 잡다

자리에 앉다

벨을 누르다

버스에서 내리다

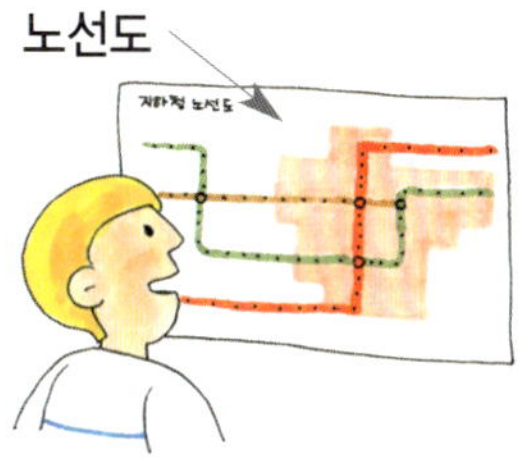

지하철 노선도를 보다

지하철 표를 넣다

줄을 서다

지하철을 타다

2호선으로 갈아타다

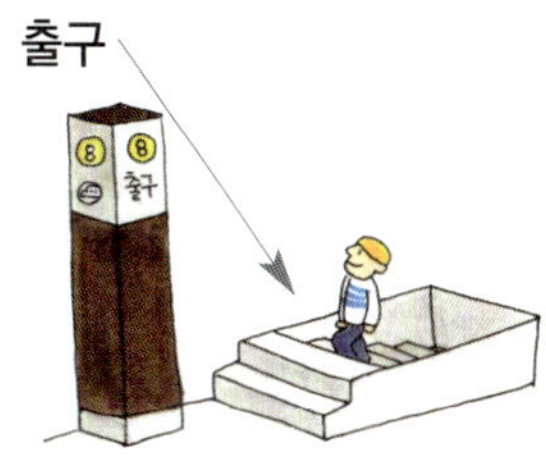

8번 출구로 나오다

택시를 잡다

택시를 타다

택시비를 내다

အသုံးပြုနိုင်သော ပုံစံများ

တက္ကစီငှားရာတွင် အများဆုံးသုံးသော ပုံစံ
သင်သွားချင်သောနေရာကို ပြောသောအခါတွင်
"N(နေရာ)에 가 주세요."

- 부경대학교에 가 주세요.
  ဘူဂယောင်းတက္ကသိုလ်က သွား/ပို့ပေးပါ။

- 저기에 세워 주세요.
  ဒီနေရာမှာ ရပ်ပေးပါ။

စကားပြော 대화

부산역에 어떻게 가요?

꼬꼬: 부산역에 어떻게 가요?

학생: 버스나 지하철을 타세요.

꼬꼬: 버스 정류장은 어디에 있어요?

학생: 부경대학교 정문 앞에 있어요.

거기에서 27번 버스를 타세요.

꼬꼬: 시간이 얼마나 걸려요?

학생: 25분쯤 걸려요.

어휘 및 표현

부산역	ဘူဆန်ဘူတာရုံ	걸리다	ကြာသည် (အချိန်)
어떻게	ဘယ်လို	쯤	~လောက်(ပန်းကျင်)
정문	အဝင်ဂိတ်	N에 어떻게 가요?	N ကို ဘယ်လို သွားရမလဲ ။
거기	အဲ ဒီ(နေရာ)	N1(이)나 N2	N1 သို့မဟုတ် N2
~번 버스	~ ဘတ်စ်ကား	시간이 얼마나 걸려요?	ဘယ်လောက် ကြာသလဲ။
얼마나	ဘယ်လောက် (ကြာချိန်)		

덤

대중교통 안내 사이트

요즘은 버스, 지하철 등 대중교통 정보를 제공하는 사이트가 많이 있습니다. 외출하기 전에 버스, 지하철 노선과 요금, 운행 정보를 꼭 확인해 봅시다.

http://traffic.map.naver.com/ 전국 지하철, 버스 운행 정보
http://www.websubway.co.kr/subway/default.asp?city=pusan 부산 지하철 노선도
http://bus.busan.go.kr/ 부산 버스 노선 안내

သဒ္ဒါ 문법

1. V(으)세요

'-(으)세요' သည် တောင်းပန်းခြင်း၊ အမိန့်ပေးခြင်းတို့တွင် သုံးသောစကား ဖြစ်သည်။
နောက်ဆုံးတွင် ဗျည်းဖြင့်ဆုံးသော ' 으세요' ကို သုံး၍ သရဖြင့်ဆုံးသော '-세요' ကိုသုံးရမည်။

V1C1 또는 C1V1C2	앉다	앉/ + 으세요	→	앉으세요
	읽다	읽/ + 으세요	→	읽으세요
V1 또는 C1V1	가다	가/ + 세요	→	가세요
	쓰다	쓰/ + 세요	→	쓰세요

အောက်ပါကြိယာနှစ်ခုကို ပုံစံနှစ်မျိုးအဖြစ် တွေ့နိုင်သည်။

먹다	먹/ + 으세요	→	먹으세요(X) 드세요(○)
자다	자/ + 세요	→	자세요(X) 주무세요(○)

예

• 여기에 앉으세요.

• 안녕히 가세요.

• 맛있게 드세요.

2. V지 마세요

'-지 마세요' သည် '-(으)세요' ၏ မဟုတ်ဝါကျဖြစ်သည်။

예

• 먹지 마세요.

• 이야기하지 마세요.

• 담배를 피우지 마세요.

သဒ္ဒါ လေ့ကျင့်ခန်း 문법 연습 ❻

1. 다음을 바꿔 쓰세요.

① 오다 ⇨ 오세요.
② 기다리다 ⇨
③ 타다 ⇨
④ 앉다 ⇨
⑤ 잡다 ⇨

2. 다음을 바꿔 쓰세요.

① 오다 ⇨ 오지 마세요.
② 기다리다 ⇨
③ 타다 ⇨
④ 앉다 ⇨
⑤ 잡다 ⇨

3. 선생님이 어떻게 말해요? 쓰세요.

① 듣고 따라하다 ⇨ 듣고 따라하세요.
② 읽다 ⇨
③ 쓰다(×) ⇨ 쓰지 마세요.
④ 영어로 말하다(×) ⇨
⑤ 책을 보다(×) ⇨

ဝေါဟာရနှင့်ရှင်းလင်းချက် 어휘 & 표현 ❻

1. 다음 그림을 보고 빈칸을 채우세요.

① 버스를 기다리다.

② 줄 _ _ 다.

③ 버스 _ _ 다.

④ 버스 _ _ _ _ 다.

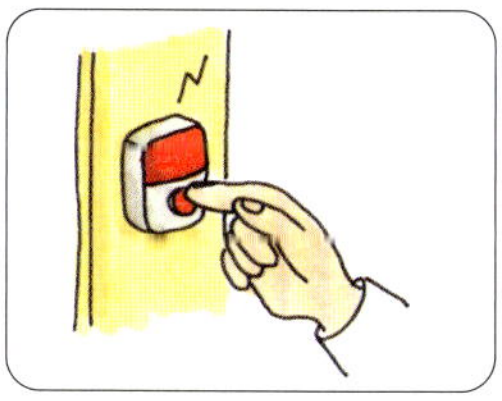

⑤ 벨 다.

ဖုန်းပြောခြင်းနှင့် ချိန်းဆိုခြင်း

제7과 전화하기 • 약속하기

ရုပ်ပုံပြအဘိဓာန် 그림사전

명사 နာမ်များ

전화(기) ဖုန်း
휴대폰 လက်ကိုင် ဖုန်း
통화 중 ဖုန်းပြောနေခြင်း (ဖုန်းပြောနေစဉ်)
전화번호 ဖုန်းနံပါတ်
표 လက်မှတ်

동사 ကြိယာများ

끊다 (ဖုန်း)ချသည်
바꿔 주다 ဖုန်းပြောင်းပေးသည်
받다 ဖုန်းကိုင်သည်
울리다 မြည်သည်(ဖုန်း)
정하다 သတ်မှတ်သည်
취소하다 cancel(ဖျက်သိမ်း) လုပ်သည်
확인하다 စစ်ဆေးသည်

부사 ကြိယာဝိသေသန

잘못 မှားယွင်းခြင်း

표현 ပုံစံ

전화를 걸다 ဖုန်းခေါ်သည်
전화를 끊다 ဖုန်းချသည်

전화번호를 누르다

전화를 걸다

전화가 울리다

전화를 받다

통화중이다

전화를 잘못 걸다

전화를 바꿔 주다

전화를 끊다

약속 시간을 정하다

약속 장소를 정하다

약속을 취소하다

영화시간을 확인하다

영화표를 사다

영화를 보다

ဖုန်းခေါ် ဆိုခြင်း 전화표현

여보세요.	ဟယ်လို...
거기 ~ (이)지요?	- ပါလားခင်ဗျာ၊
전데요.	ကျွန်တော်ပါ။
~씨 좀 바꿔 주세요.	- ကို တစ်ဆိတ်လောက် ခေါ်ပေးပါခင်ဗျာ။
~씨 전화 왔어요.	- ဖုန်း လာနေပါတယ်။
~씨 전화 받으세요.	- ဖုန်းလာနေပါတယ်။(ဖုန်းကိုင်/လက်ခံ ပေးပါ။)
지금 안 계세요.	အခု ဒီမှာမရှိပါဘူး ခင်ဗျာ။
잠깐만 기다리세요.	ခဏစောင့်ပါ။
다시 전화할게요.	ဖုန်းပြန်ခေါ်ပါမယ်။
안녕히 계세요. (전화 끊을 때)	"ဟုတ်ကဲ့၊ ဒါပါပဲ ခင်ဗျာ/ရှင်"

စကားပြော 대화

같이 영화를 볼까요?

꼬꼬: 여보세요?

유진: 여보세요?

꼬꼬: 유진 씨, 저 꼬꼬예요.

유진: 아, 꼬꼬 씨, 무슨 일이에요?

꼬꼬: 유진 씨, 내일 시간 있어요?

유진: 네, 시간 있어요.

꼬꼬: 그러면 우리 같이 영화를 볼까요?

유진: 좋아요. 같이 영화를 봅시다.
몇 시에 만날까요?

꼬꼬: 2시 어때요?

유진: 네. 좋아요.
그러면 내일 2시에 학교 앞 영화관에서 만납시다.

꼬꼬: 네. 유진 씨, 내일 봐요.

어휘 및 표현

내일	မနက်ဖြန်	몇 시	ဘယ်အချိန်
시간	အချိန်	N 어때요?	N ဘယ်လိုထင်သလဲ ။
우리	ကျွန်ုပ်တို့		- ဘယ်လိုလဲ။
같이	အတူတူ	무슨 일이에요?	ဘာကိစ္စလဲ။ ဘာဖြစ်တာလဲ ။

덤

영화관 이용 예절

영화관에서 영화를 볼 때도 지켜야 할 예절이 있습니다. 영화관 이용 예절을 함께 알아볼까요?

첫째, 핸드폰은 진동으로 바꾸거나 전원을 끄세요.
둘째, 사진을 찍지 마세요.
셋째, 앞사람의 자리를 발로 차지 마세요.
넷째, 쓰레기는 쓰레기통에 버리세요.

သဒ္ဒါ 문법

1. V(으)ㄹ까요?

'-(으)ㄹ까요?' သည် ညှိနှိုင်းခြင်းကိုပြသည့် ကြိယာနောက်ဆက်ပစ္စည်း ဖြစ်သည်။
ကြိယာတွင် ဗျည်းဖြင့်ဆုံးသော '-을까요?' ကိုသုံးရမည်။
ကြိယာတွင် သရဖြင့်ဆုံးသော '-ㄹ까요?' ကိုသုံးရမည်။

V1C1 또는 C1V1C2	먹다	먹/ + 을까요?	→	먹을까요?
	앉다	앉/ + 을까요?	→	앉을까요?
	찾다	찾/ +을까요?	→	찾을까요?
V1 또는 C1V1	보다	보/ + ㄹ까요?	→	볼까요?
	만나다	만나/ +ㄹ까요?	→	만날까요?
	기다리다	기다리/ +ㄹ까요?	→	기다릴까요?

2. V(으)ㅂ시다.

'-(으)ㅂ시다' ကို ပြောသူက နားထောင်သူအား တခုခု အတူတကွလုပ်ရန်
တိုက်တွန်းသောအခါတွင် အသုံးပြုသည်။
ကြိယာသည် ဗျည်းဖြင့် ဆုံးသော '-읍시다', ကို သုံးရမည်။
ကြိယာသည် သရဖြင့် ဆုံးသော '-ㅂ시다' ကို သုံးရမည်။

V1C1 또는 C1V1C2	읽다	읽/ + 읍시다	→	읽읍시다
	받다	받/ + 읍시다	→	받읍시다
	잡다	잡/ +읍시다	→	잡읍시다
V1 또는 C1V1	타다	타/ + ㅂ시다	→	탑시다
	배우다	배우/+ ㅂ시다	→	배웁시다
	마시다	마시/ +ㅂ시다	→	마십시다

예

- 유진: 우리 버스를 탈까요?
  꼬꼬: 좋아요. 버스를 탑시다.
- 꼬꼬: 내일 같이 해운대에 갈까요?
  유진: 미안해요.
  내일은 시간이 없어요.
  다음에 갑시다.
- 유진: 점심을 같이 먹읍시다.
  꼬꼬: 네, 좋아요.
- 꼬꼬: 오늘 3시에 만납시다.
  유진: 3시에는 수업이 있어요.
  4시 어때요?

သဒ္ဒါ လေ့ကျင့်ခန်း 문법 연습 ❼

1. 다음을 바꿔 쓰세요.

① 가요 ⇨ 갈까요?

② 만나요 ⇨

③ 먹어요 ⇨

④ 봐요 ⇨

⑤ 읽어요 ⇨

2. 다음을 바꿔 쓰세요.

① 가요 ⇨ 갑시다.

② 만나요 ⇨

③ 먹어요 ⇨

④ 봐요 ⇨

⑤ 읽어요 ⇨

3. 다음 그림을 보고 대화를 완성하세요.

① 가 : 배가 고파요.
나 : 식당에 갈까요 ?
가 : 네. 식당에 갑시다.

② 가 : 내일 시험이 있어요.
나 : ____________ ?
가 : 네, 도서관에서 공부합시다.

③ 가 : 피곤해요.
나 : ____________ ?
가 : 네, 의자에 앉읍시다.

ဝေါဟာရနှင့်ရှင်းလင်းချက် 어휘 & 표현 ⑦

1. 다음은 전화 대화입니다. 【보기】에서 알맞은 문장을 골라 보세요.

보기	
	① 거기 꼬꼬 씨 집이지요?
	② 다시 전화할게요.
	③ 꼬꼬 씨 좀 바꿔 주세요.

가 : 여보세요, ____________________

나 : 네, 맞아요.

가 : ____________________

나 : 지금 안 계세요.

가 : 그럼, ____________________

안녕히 계세요.

2. 다음 단어 다음에 올 수 없는 것을 고르세요.

① 버스를	□ 타다	☑ 내리다	□ 기다리다
② 전화를	□ 울리다	□ 걸다	□ 끊다
③ 약속을	□ 누르다	□ 정하다	□ 취소하다

ရုံးပိတ်ရက် လုပ်ဆောင်စရာများ

제8과 주말활동

ရုပ်ပုံပြအဘိဓာန် 그림사전

명사	နာမ်များ
낚시	ငါးမျှားခြင်း
노래	သီချင်း
등산	တောင်တက်ခြင်း
빨래	အဝတ်လျှော်ခြင်း
사진	ဓါတ်ပုံ
설거지	ပန်းကန်ဆေးခြင်း
쇼핑	ဈေးဝယ်ခြင်း
여행	ခရီးသွားခြင်း
음악	တေးဂီတ
주말	ရုံးပိတ်ရက်(စနေ၊တနင်္ဂနွေ)
주중	ရုံးဖွင့်ရက်(ကျောင်းဖွင့်ရက်)
찜질방	ရေချိုးခန်း
청소	သန့်ရှင်းရေး
춤	အက
평일	ရုံးဖွင့်ရက်(ကျောင်းဖွင့်ရက်)

동사	ကြိယာများ
듣다	ကြားသည်၊ /နားထောင်သည်။
읽다	ဖတ်သည်

표현	အသုံးပြုသော ပုံစံများ
노래를 부르다	သီချင်းဆိုသည်
사진을 찍다	ဓါတ်ပုံရိုက်သည်
춤을 추다	ကသည်

책을 읽다

음악을 듣다

영화를 보다

등산을 하다

노래를 부르다

사진을 찍다

춤을 추다

여행을 가다

낚시를 하다

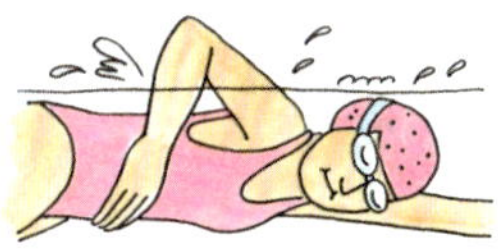

운동을 하다

컴퓨터 게임을 하다

쇼핑을 하다

찜질방에 가다

요리를 하다

설거지를 하다

청소를 하다

빨래를 하다

ရုံးဖွင့်ရက်များနှင့် ရုံးပိတ်ရက်များ 평일과 주말

요일	월요일	화요일	수요일	목요일	금요일	토요일	일요일
	တနင်္လာ	အင်္ဂါ	ဗုဒ္ဓဟူး	ကြာသပတေး	သောကြာ	စနေ	တနင်္ဂနွေ
	주중(평일) I ရုံးဖွင့်ရက်များ					주말 I ရုံးပိတ်ရက်များ	

စကားပြော 대화

주말에 뭐 해요?

유진: 꼬꼬 씨, 이번 주말에 뭐 해요?

꼬꼬: 토요일에 남포동에 갈 거예요.

유진: 남포동에서 무엇을 할 거예요?

꼬꼬: 내일부터 남포동에서 국제영화제가 열려요.
그래서 남포동에서 영화를 볼 거예요.
유진 씨는 주말에 뭐 할 거예요?

유진: 저는 이번 주말에 해운대에 갈 거예요.
해운대에서 바다를 구경할 거예요.
그리고 사진을 많이 찍을 거예요.

어휘 및 표현

이번	ဒီ(အချိန်)	바다	ပင်လယ်
뭐(=무엇을)	ဘာ(လဲ)၊ ဘာကို(လဲ)	구경하다	လျှောက်ကြည့်-
남포동	နမ်ဖိုဒုံ(နေရာအမည်)	사진	ဓာတ်ပုံ
국제영화제	နိုင်ငံတကာရုပ်ရှင်ပြပွဲ	사진을 찍다	ဓာတ်ပုံရိုက်-
열리다	ဖွင့်-	많이	အများကြီး၊ အလွန်၊
그래서	အဲဒါကြောင့်	이번 N	ဒီ N
해운대	ဟဲအွန်းဒယ် (ကမ်းခြေ)	N부터	N မှ /-မှစ၍

덤

부산국제영화제

매년 10월 부산 남포동과 해운대 등에서는 부산국제영화제(PIFF: Pusan International Film Festival)가 열립니다. 부산국제영화제는 1996년에 처음 시작하여 지금은 아시아 최고의 영화제가 되었습니다. 매년 부산국제영화제 기간에는 전 세계 영화감독과 영화배우, 그리고 영화를 사랑하는 많은 사람들이 부산을 찾고 있습니다.

သဒ္ဒါ 문법

1. V · A(으)ㄹ 거예요

'-(으)ㄹ 거예요' သည် '아/어/여요' ၏ အနာဂတ်ကာလကို ဖော်ပြရာတွင် သုံးသောပုံစံ ဖြစ်သည်။ တစ်ခါတစ်ရံ ကတ္တားသည် အပြောခံ ဖြစ်နေပါက ထို ဖော်ပြချက်သည် ပြောသူ၏ ထင်မြင်ချက်ကို ဖော်ပြနေတတ်သည်။
ကြိယာ သို့မဟုတ် နာမဝိသေသနသည် ဗျည်းဖြင့်ဆုံးသော '-을 거예요' ကို သုံးရမည်။
သရဖြင့်ဆုံးသော် '-ㄹ 거예요' ကို သုံးရမည်။

V_1C_1 또는 $C_1V_1C_2$	입다	입 +을 거예요	→	입을 거예요
	많다	많 +을 거예요	→	많을 거예요
V_1 또는 C_1V_1	오다	오 +ㄹ 거예요	→	올 거예요
	예쁘다	예쁘 +ㄹ 거예요	→	예쁠 거예요

예

- 저는 오늘 저녁에 불고기를 먹을 거예요. (미래)
- 내일 부산에 비가 올 거예요. (미래)
- 지금 서울에 눈이 올 거예요. (추측)
- 주말에 해운대에 사람이 많을 거예요. (추측)

2. 안 V · A(으)ㄹ 거예요

'안 -(으)ㄹ 거예요' သည် 'V(으)ㄹ 거예요' ၏ မဟုတ်ဝါကျပုံစံဖြစ်ပြီး '하다' နှင့် ပေါင်းသောအခါတွင် 'N+하다' ပုံစံအရ '안' ကို နာမ်နှင့် '하다' ၏ကြားတွင် ထား၍ ရေးရ ပြောရသည်။

동사	긍정문	부정문
가다	갈 거예요	안 갈 거예요
작다	작을 거예요	안 작을 거예요
깨끗하다	깨끗할 거예요	안 깨끗할 거예요
※요리하다	요리할 거예요	요리 안 할 거예요

예

- 방학에 집에 안 갈 거예요.
- 오늘 밤에는 인터넷을 안 할 거예요.
- 이번 겨울에는 부산에 눈이 안 올 거예요.
- 다음 주말에 날씨가 안 좋을 거예요.

သဒ္ဒါ လေ့ကျင့်ခန်း 문법 연습 ❽

1. 다음과 같이 하세요.

	어 제	오 늘	내 일
① 가다	갔어요	가요	갈 거예요
② 읽다		읽어요	
③ 하다		해요	
④ 먹다		먹어요	
⑤ 입다		입어요	
⑥ 사다		사요	

2. 다음의 대화를 완성하세요.

① 가 : 월요일에 운동을 할 거예요?
나 : 아니요, 월요일에 운동을 안 할 거예요.

② 가 : 토요일에 찜질방에 갈 거예요?
나 : 아니요, ______________.

③ 가 : 일요일에 등산을 할 거예요?
나 : 아니요, ______________.

④ 가 : 수요일에 청소를 할 거예요?
나 : 아니요, ______________.

ဝေါဟာရနှင့်ရှင်းလင်းချက် 어휘 & 표현 ❽

1. 다음과 같이 하세요.

① 일 – 이 – (삼) – 사 – (   ) – 육 – 칠 – (   ) – (   )

② (   ) – (   ) – 내일

③ 하나 – 둘 – (   ) – (   ) – 다섯 – 여섯 – (   ) – (   )

④ 일요일 – 월요일 – 화요일 – (   ) – 목요일 – (   ) – (   )

2. 다음의 대화를 완성하세요.

① 가 : 이번 주말에 무엇을 할 거예요?
나 : 책을 읽을 거예요.

② 가 : 이번 주말에 무엇을 할 거예요?
나 : ____________________.

③ 가 : 이번 주말에 무엇을 할 거예요?
나 : ____________________

④ 가 : 이번 주말에 무엇을 할 거예요?
나 : ____________________.

ဆေးရုံသို့ သွားခြင်း

제9과 병원가기

ရုပ်ပုံပြအဘိဓာန် 그림사전

명사	နာမ်များ
감기	အအေးမိခြင်း
기침	ချောင်းဆိုးခြင်း
머리	ဦးခေါင်း
멍	ဖူးရောင်ခြင်း
몸살	ကိုယ်ခန္ဓာ နွမ်းနယ်ခြင်း
발	ခြေ
밴드	အနာကတ် ပလာစတာ
붕대	ပတ်တီး
약	ဆေး
열	အပူချိန်(အဖျား)
접수	မှတ်ပုံတင်သည်(စာရင်းပေးသည်)
주사	ဆေးထိုး-
진찰	ဆေးစစ်သည်
처방전	ဆေးညွှန်း စာရွက်
체온	ကိုယ်ခန္ဓာအပူချိန်
피	သွေး

동사	ကြိယာများ
감다	ပတ်သည်
다치다	ထိခိုက်သည်။
바르다	လိမ်းသည်
받다	လက်ခံသည်
붙이다	ကပ်သည်
삐다	အကြောမျက်သည်
재다	တိုင်းသည်

형용사	နာမဝိသေသနများ
아프다	ဖျားသည်

표현	အသုံးပြုသော ပုံစံများ အပြောပုံစံ
감기에 걸리다	အအေးမိသည်
멍이 들다	ဖူးရောင်သည်
몸살이 나다	ခန္ဓာကုယ် ပင်ပန်းနွမ်းနယ်သည်။
약을 짓다	ဆေးစပ်သည်(ဆေးဖော်သည်)
열이 나다	အပူချိန်ရှိသည်။
주사를 맞다	ဆေးထိုးသည်။
피가 나다	သွေးထွက်သည်

접수를 하다

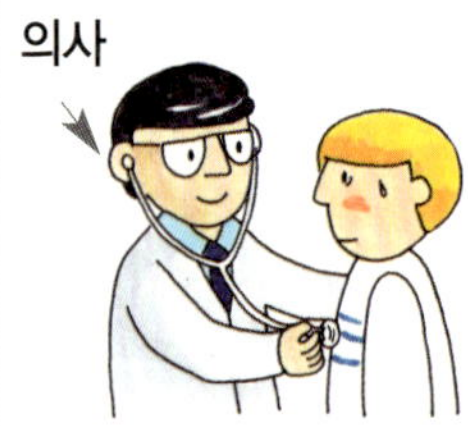

진찰을 받다

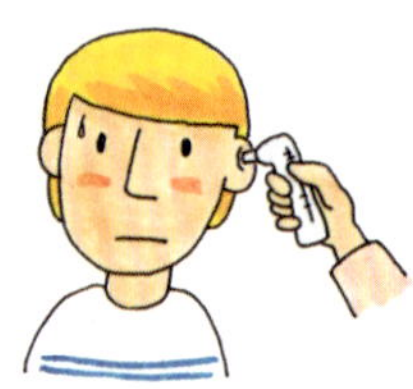

체온을 재다

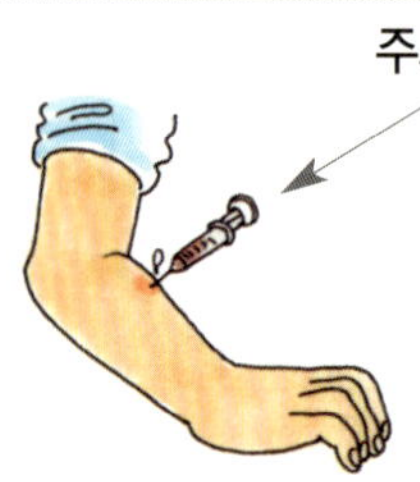

주사를 맞다

처방전을 받다

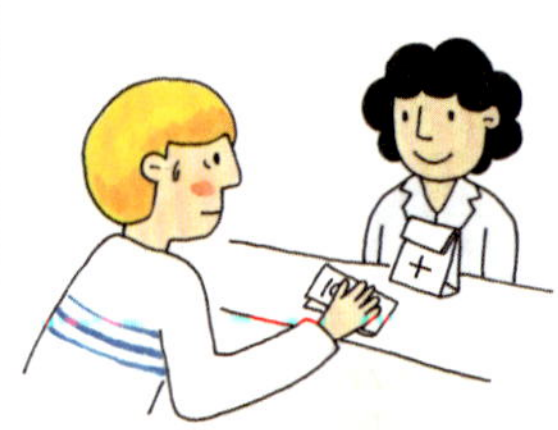

약을 짓다

머리가 아프다

몸살이 나다

다리를 다치다

피가 나다

감기에 걸리다

기침을 하다

콧물이 나다

열이 나다

멍이 들다

발을 삐다

엑스레이를 찍다

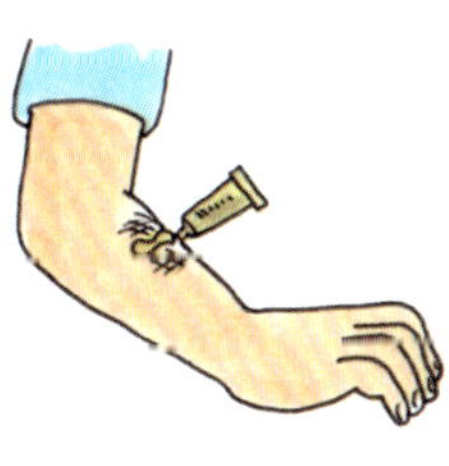

약을 바르다

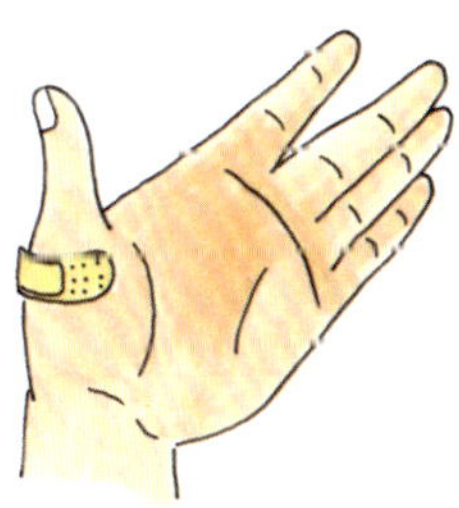

밴드를 붙이다

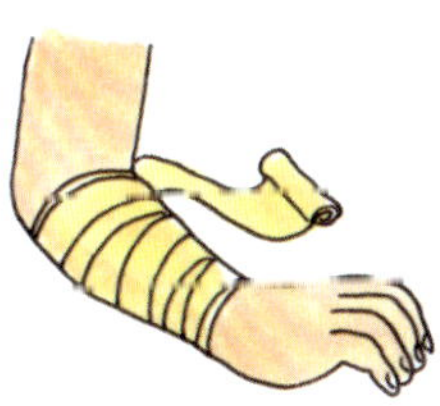

붕대를 감다

စကားပြော 대화

배가 아프고 열이 나요.

간호사: 꼬꼬 씨, 1번 방으로 들어가세요.

의사: 어떻게 오셨어요?

꼬꼬: 배가 아프고 열이 나요.

의사: 배가 어떻게 아파요?

꼬꼬: 소화가 잘 안 되고 설사를 해요.

의사: 언제부터 아팠어요?

꼬꼬: 어제 밤부터 아팠어요.

의사: 오늘은 매운 음식을 먹지 말고 죽을 드세요.
그리고 이 약은 하루에 세 번 식후에 드세요.

어휘 및 표현

1번	နံပါတ် ၁	설사(를) 하다	ဝမ်းသွားသည်
방	အခန်း	~지 말다	မ V နဲ့. တောင်းဆိုခြင်းနှင့် အမိန့်ပေးခြင်းတွင် သုံးသည်။
들어가다	ဝင်သွားသည်။	죽	ယာဂု(ဆန်ပြုတ်) Porridge
매운	အစပ်	하루	တစ်ရက်
소화	အစာကြေခြင်း	식후	အစာ စားပြီး
소화가 안 되다	အစာမကြေဖြစ်ခြင်း	어떻게 오셨어요?	ဘာကိစ္စနဲ့ ရှိပါသလဲ ခင်ဗျာ / ရှင်။

덤

한의원

한국에는 한의원이라고 하는 병원이 있습니다. 한의원에서는 한국의 전통적인 치료법으로 환자를 치료합니다. 한의원은 서양식 병원과는 달리 칼과 기계를 사용하지 않고, 주로 한약과 침을 이용하여 치료를 합니다. 최근에는 자연친화적 치료법에 매력을 느낀 외국인들이 한의원을 많이 찾고 있다고 합니다.

သဒ္ဒါ 문법

1. V · A고

1) V·A고 (나열)

ရှေ့ဝါကျခွဲနှင့် နောက်ဝါကျခွဲတို့ (သဒ္ဒါအရ)တူညီသည့်အခါ ယင်းတို့ကို ဆက်စပ်ပေးသော စကားလုံး ဖြစ်သည်။
'နှင့်' ဟု အဓိပ္ပာယ်ရသည်။

예

- 오늘은 비가 와요. 그리고 바람이 불어요.
  → 오늘은 비가 오/고 바람이 불어요.
- 형은 대학생이에요. 그리고 동생은 고등학생이에요.
  → 형은 대학생이/고 동생은 고등학생이에요.
- 꼬꼬 씨는 공부를 잘해요. 그리고 운동을 잘해요.
  → 꼬꼬 씨는 공부를 잘하/고 운동을 잘해요.
- 콧물이 나요. 그리고 기침을 해요.
  → 콧물이 나/고 기침을 해요.

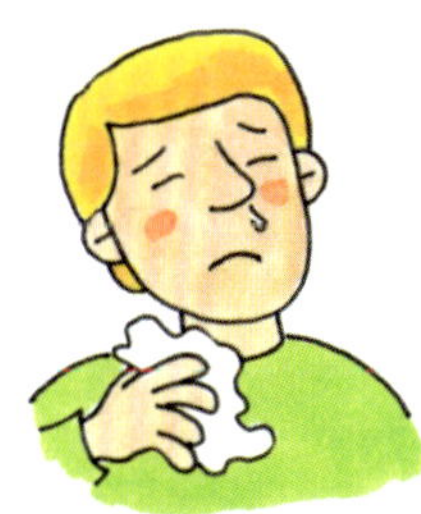

2) V고 (시간 순서)

တစ်ခါတစ်ရံတွင်မူ နှင့် သည် ရှေ့ဝါကျခွဲနှင့် နောက်ဝါကျခွဲတို့သည် တစ်ခုပြီးတစ်ခု ဖြစ်ကြောင်း ဖော်ပြရာတွင် ဝါကျဆက်အဖြစ် သုံးသည်။ ဝါကျခွဲ ၂ ခုလုံး၏ ကတ္တားမှာ အတူတူပင် ဖြစ်သည်။

예

- 저는 밥을 먹어요. 그리고 그 후에 숙제를 해요.
  → 저는 밥을 먹/고 숙제를 해요.
- 수업이 끝나요. 그리고 사무실에 오세요.
  → 수업이 끝나/고 사무실에 오세요.
- 먼저 숙제를 합시다. 그리고 텔레비전을 봅시다.
  → 먼저 숙제를 하/고 텔레비전을 봅시다.
- 약을 바르세요. 그리고 밴드를 붙이세요.
  → 약을 바르/고 밴드를 붙이세요.

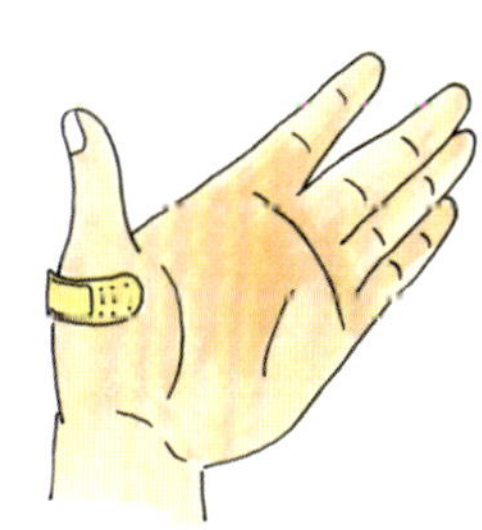

သဒ္ဒါရှင်းလင်းချက် 문법 연습 ⑨

1. 다음 문장을 완성하세요.

① 오늘은 비가 와요. 그리고 바람이 불어요.

⇨ 오늘은 비가 오고 바람이 불어요.

② 꼬꼬 씨는 미얀마 사람이에요. 그리고 유진 씨는 한국 사람이에요.

⇨ ______________________________

③ 피가 나요. 그리고 멍이 들었어요.

⇨ ______________________________

④ 꼬꼬 씨는 춤을 춰요. 그리고 유진 씨는 노래를 불러요.

⇨ ______________________________

2. 다음 표를 보고 꼬꼬 씨의 하루 일과를 쓰세요.

7:00	아침을 먹다
9:00	학교에 가다
10:00~12:00	한국어 수업을 듣다
12:00	점심을 먹다
1:00	도서관에서 책을 읽다
5:00	집에 돌아가다

① 꼬꼬 씨는 아침을 먹고 학교에 가요.

② 한국어 수업을 ____________________

③ 점심을 ____________________

④ 도서관에 책을 읽고 ____________________

ဝေါဟာရနှင့်ရှင်းလင်းချက် 어휘 & 표현 ⑨

1. 관계있는 단어를 연결하세요.

① 머리가	㉠ 걸리다
② 열이	㉡ 아프다
③ 감기에	㉢ 다치다
④ 다리를	㉣ 하다
⑤ 기침을	㉤ 나다

2. 다음 그림을 보고, 알맞은 동사를 고르세요.

① 기침을 하다 / 나다

② 콧물이 하다 / 나다

③ 열이 하다 / 나다

④ 피가 하다 / 나다

စားသောက်ဆိုင်

제10과 식당가기

ရုပ်ပုံပြအဘိဓာန် 그림사전

명사 နာမ်များ

그릇 ခွက်
나이프 ဓါး
메뉴판 ရရှိနိုင်သော အစားအစာ စာရင်း(မယ်နူ စာအုပ်)
배 ဗိုက်
숟가락 ဇွန်း
음식 အစားအစာ
접시 ပန်းကန်
젓가락 တူ
컵 ခွက်
포크 ခက်ရင်း

동사 ကြိယာများ

계산하다 ငွေရှင်းသည်
시키다 အစားအစာမှာသည်
주문하다 မှာသည်to order

형용사 နာမဝိသေသနများ

달다 ချိုသည်
맛없다 အရသာမရှိပါ
맛있다 အရသာရှိသည်
맵다 စပ်သည်
시다 ချဉ်သည်
싱겁다 ပေါ့သည်
쓰다 ခါးသည်
짜다 ငံသည်

표현 အသုံးပြုသော ပုံစံများ

배가 고프다 ဗိုက်ဆာတယ်
배가 부르다 ဗိုက်ပြည့်/ဝ တယ်

배가 고프다

배가 부르다

메뉴판을 보다

음식을 고르다

음식을 시키다 = 주문하다

계산하다

맛있다

맛없다

အရသာ 음식의 맛

ပန်းကန်ခွက်ယောက်များ 식사도구 이름

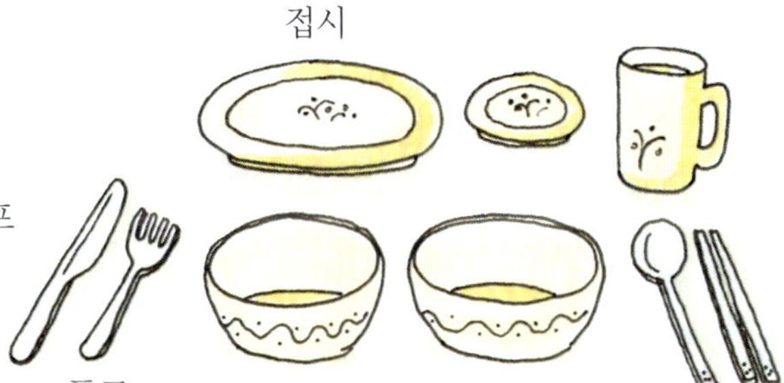

စားသောက်ဆိုင်တွင်အသုံးပြုသော အသုံးအနှုန်းများ 유용한 표현

어서 오세요.	ကြွပါ
이쪽으로 오세요.	ဒီဘက်ကို လာပါ။
뭐 드시겠습니까?	ဘာစားမလဲ။
음식 값은 선불입니다.	ပိုက်ဆံ အရင်ရှင်းရပါမယ်။
제가 한 턱 낼게요.	ကျွန်တော် ကျွေးပါမယ်။
반찬 좀 더 주세요.	ဟင်း နည်းနည်း ထပ်ပေးပါ။
몇 분이세요?	ဘယ်နှစ်ယောက်လဲ။

စကားပြော 대화

삼겹살을 먹고 싶어요.

유진: 꼬꼬 씨, 저녁 먹었어요?

꼬꼬: 아니요. 아직 안 먹었어요.

유진: 그러면, 같이 저녁을 먹을까요?

꼬꼬: 네, 좋아요. 학교 근처 식당에 갑시다.

〈식당에서〉

유진: 꼬꼬 씨, 뭐 먹고 싶어요?

꼬꼬: 저는 삼겹살을 먹고 싶어요.
유진 씨는요?

유진: 저도 삼겹살을 먹고 싶어요.
우리 밥도 먹을까요?

꼬꼬: 좋아요.

유진: 여기요! 삼겹살 이 인분하고 밥 두 공기 주세요.

어휘 및 표현

아직	အခုအထိ	인분	`~ယောက်စာ
같이	အတူတူ	공기	- ခွက်(ထမင်း)
근처	အနီးအနား	N1하고 N2	N1 နှင့် N2
삼겹살	ဝက်သား (သုံးထပ်သား)ကင်		

덤

한국 음식

김치	비빔밥	불고기	삼계탕	된장찌개

သဒ္ဒါ 문법

1. V고 싶다

ပြောသူ၏ ဆန္ဒကို ဖော်ပြသည်။ (V-ချင်သည်)

먹다	먹/ + 고 싶다	→	먹고 싶다
살다	살/ + 고 싶다	→	살고 싶다
보다	보/ + 고 싶다	→	보고 싶다
결혼하다	결혼하/ + 고 싶다	→	결혼하고 싶다

예

• 배가 고파요. 밥을 먹고 싶어요.

• 너무 피곤해요. 쉬고 싶어요.

• 오늘은 제 생일이에요. 선물을 받고 싶어요.

• 꼬꼬: 이번 크리스마스에 뭐 하고 싶어요?
유진: 친구들하고 파티를 하고 싶어요.

• 유진: 졸업하고 뭐 하고 싶어요?
꼬꼬: 졸업하고 한국 회사에 다니고 싶어요.

သဒ္ဒါ လေ့ကျင့်ခန်း 문법 연습 ⑩

1. 【보기】에서 그림에 맞는 표현을 고르세요.

보기	• 밥을 먹고 싶어요	• 쉬고 싶어요	• 선물을 받고 싶어요

① 너무 피곤해요.

쉬고 싶어요.

② 배가 고파요.

____

③ 오늘은 제 생일이에요.

____

2. 다음을 바꿔 쓰세요.

① 삼겹살을 먹어요. ⇨ 삼겹살을 먹고 싶어요.

② 책을 읽어요. ⇨ ________________

③ 버스에서 내려요. ⇨ ________________

④ 자리에 앉아요. ⇨ ________________

⑤ 운동을 해요. ⇨ ________________

ဝေါဟာရနှင့်ရှင်းလင်းချက် 어휘 & 표현 ⑩

1. 다음 그림에 맞는 표현을 고르세요.

 ① — ㉡ 맵다

㉠ 짜다

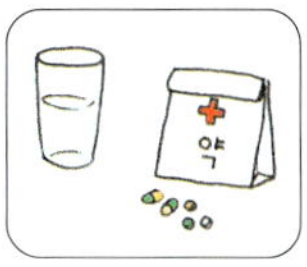 ②

㉡ 맵다

 ③

㉢ 시다

 ④

㉣ 달다

 ⑤

㉤ 쓰다

2. 그림을 보고 대화를 완성하세요.

① 가 : 무엇이 있어요?
나 : 컵하고 포크가 있어요.

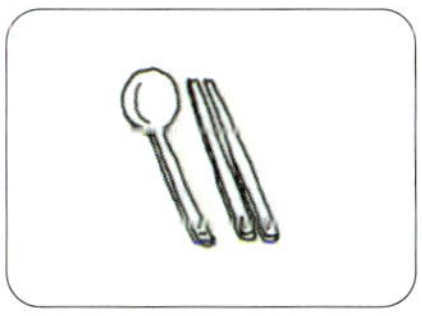

② 가 : 무엇이 있어요?
나 : ________________

③ 가 : 무엇이 있어요?
나 : ________________

ဈေးဝယ်ထွက်ခြင်း

제11과 물건사기

ရုပ်ပုံပြအဘိဓာန် 그림사전

명사	နာမ်များ
값	ဈေးနှုန်း
길이	အရှည်
모자	ဦးထုပ်
사이즈	ဆိုက်စ်(အရွယ်အစား)
쇼핑	ရှော့ပင်(ဈေးဝယ်ထွက်ခြင်း)
신발	ရှူးဖိနပ်
영수증	ငွေလက်ခံဖြတ်ပိုင်း(သို့)ပြေစာ
옷	အဝတ်

동사	ကြိယာများ
계산하다	ငွေချေသည်
고르다	ရွေးချယ်သည်
교환하다	ပြန်လဲသည်
구경하다	လျှောက်ကြည့်သည်
깎다	ဈေးလျှော့သည်
들다	(လက်ကိုင်အိတ် စသည်) ကိုင်သည်၊ဆွဲသည်
맞다	ကိုက်သည်(ကွက်တိဖြစ်သည်)
메다	(လွယ်အိတ် စသည်) လွယ်သည်
벗다	ချွတ်သည်
사인하다	လက်မှတ်ထိုးသည်
쓰다	ဆောင်းသည်(ဦးထုပ်၊ထီး)
입다	ဝတ်သည်
입어 보다	ဝတ်ကြည့်သည်
환불하다	ငွေပြန်အမ်းသည်

형용사	နာမဝိသေသနများ
싸다	ဈေးပေါသည်
비싸다	ဈေးကြီးသည်
크다	ကြီးသည်
작다	သေးသည်
길다	ရှည်သည်
짧다	တိုသည်

쇼핑가다

구경하다

옷을 고르다

옷을 입어 보다

옷값을 깎다

계산하다

영수증에 사인하다

영수증을 받다

교환하다

환불하다

옷을 입다 / 벗다

모자를 쓰다 / 벗다

신발을 신나 / 벗나

가방을 늘다 / 메다

값이 싸다 / 비싸다

사이즈가 크다 / 맞다 / 작다

길이가 길다 / 짧다

စားသောက်ဆိုင်တွင်အသုံးပြုသော အသုံးအနှုန်းများ 유용한 표현

그냥 구경할게요.	ခဏလျှောက်ကြည့်တာပါ။
좀 깎아 주세요.	နည်းနည်းလျှော့ပေးပါလား။
입어 봐도 돼요?	ဝတ်ကြည့်လို့ ရမလား မသိဘူး။
~ 존 보여주세요.	~ တစ်ဆိတ်လောက် ပြပါလား။
이걸로 주세요.	ဒီဟာ ပေးပါ။

စကားပြော 대화

이 바지 입어 봐도 돼요?

점원: 어서 오세요. 뭘 찾으세요?

꼬꼬: 바지를 사고 싶어요.

점원: 이 바지 어때요?

꼬꼬: 이 바지는 색깔이 마음에 안 들어요. 다른 색깔 있어요?

점원: 네. 검은 색이 있어요.

꼬꼬: 그것 좀 보여 주세요.

점원: 여기 있어요.

꼬꼬: 입어 봐도 돼요?

점원: 그럼요.

〈옷을 갈아입은 후〉

점원: 마음에 들어요?

꼬꼬: 네, 마음에 들어요. 이걸로 주세요.

어휘 및 표현

어서	မြန်မြန်	주다	ပေးသည်
찾다	ရှာသည်	어서 오세요.	ကြွပါ
바지	ဘောင်းဘီ	뭘 찾으세요?	ဘာရှာပါသလဲ ခင်ဗျာ/ရှင်။
색깔	အရောင်	마음에 들다	သဘောကျတယ်။
마음	စိတ်	그럼요.	ဒါပေါ့။
검은 색	အမည်းရောင်		

덤

교환과 환불

보통 백화점에서 쇼핑을 한 후에 교환이나 환불을 하려면 구입한 날부터 7-14일 이내에 해야 합니다. 그리고 교환, 환불을 할 때는 반드시 영수증이 있어야 합니다. 가게마다 교환, 환불 조건이 다르므로, 물건을 살 때는 꼼꼼히 살펴보고 교환, 환불 기간을 확인하는 것이 좋습니다.

သဒ္ဒါ 문법

1. V아/어/여도 돼요?

'–어/아/여도 돼요?' သည် မြန်မာလို - လို့ရတယ်မလား ဆိုတဲ့ အဓိပ္ပာယ်နှင့် ပြောသူက မိမိ လုပ်မည့် အလုပ်အတွက် နားထောင်သူထံ ခွင့်ပန်ခြင်းတွင် သုံးသည်။
နောက်ဆုံးစကားလုံး၏ သရသည ' ㅏ' သို့မဟုတ် 'ㅗ' ဖြင့် ဆုံးသော် '–아도 돼요?' ကို သုံးရမည်။
နောက်ဆုံးစကားလုံး၏ သရသည ' ㅏ' သို့မဟုတ် 'ㅗ' ဖြင့်မဆုံးဘဲ အခြားကျန်သရများဖြင့် ဆုံးသော် '–어도 돼요?' ကို သုံးရမည်။
'하다' နှင့် ဆုံးလျှင်မူ '–여도 돼요?' ကို သုံးရမည်။

ㅗ, ㅏ	가다	가/ + 아도 돼요?	→	가도 돼요?
	보다	보/ + 아도 돼요?	→	봐도 돼요?
	받다	받/ +아도 돼요?	→	받아도 돼요?
ㅗ, ㅏ 제외한 모음 (ㅜ, ㅓ, ㅡ, ㅣ…)	먹다	먹/ +어도 돼요?	→	먹어도 돼요?
	주다	주/ +어도 돼요?	→	줘도 돼요?
	벗다	벗/ +어도 돼요?	→	벗어도 돼요?
'하다' 동사	사용하다	사용하/ + 여도 돼요?	→	사용해도 돼요?
	요리하다	요리하/ + 여도 돼요?	→	요리해도 돼요?
	구경하다	구경하/ +여도 돼요?	→	구경해도 돼요?

နားထောင်သူသည် '네, V아/어/여도 돼요.' သို့မဟုတ် '아니요, V(으)면 안 돼요.' စသည်ဖြင့် ပြန်လည် ဖြေကြားနိုင်သည်။

예

- 꼬꼬: 선생님, 지금 화장실에 가도 돼요?
  선생님: 네, 가도 돼요.
  아니요, 가면 안 돼요.
- 유진: 여기에서 전화해도 돼요?
  꼬꼬: 네, 전화해도 돼요.
  아니요, 전화하면 안 돼요.
- 꼬꼬: 해운대에서 수영해도 돼요?
  유진: 네, 수영해도 돼요.
- 유진: 극장에서 사진을 찍어도 돼요?
  선생님: 아니요, 극장에서 사진을 찍으면 안 돼요.

သဒ္ဒါ လေ့ကျင့်ခန်း 문법 연습 ⓫

1. 【보기】에서 그림에 맞는 표현을 고르세요.

보기

① 빵을 먹다.

가 : 먹어도 돼요?

나 : 네, 먹어도 돼요.

아니요, 먹으면 안 돼요.

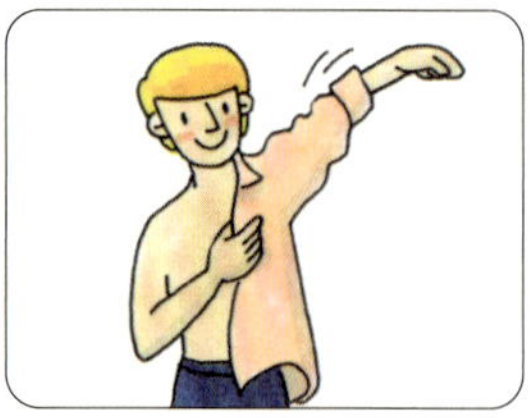

② 옷을 입다.

가 : ______________________

나 : ______________________

____

③ 옷을 벗다.

가 : ______________________

나 : ______________________

____

④ 사진을 보다.

가 : ______________________

나 : ______________________

____

⑤ 물을 마시다.

가 : ______________________

나 : ______________________

____

ဝေါဟာရနှင့်ရှင်းလင်းချက် 어휘 & 표현 ⑪

1. 반대말을 연결하세요. 그리고 대화를 완성하세요.

① 맛없다 •	• 크다
② 짧다 •	• 싸다
③ 작다 •	• 맛있다
④ 비싸다 •	• 길다

㉠ 가 : 삼겹살이 맛있어요?	나 : 아니요, 맛없어요.
㉡ 가 : 바지가 짧아요?	나 : 아니요, ______
㉢ 가 : 옷이 커요?	나 : 아니요, ______
㉣ 가 : 모자가 비싸요?	나 : 아니요, ______

2. 【보기】에서 그림에 맞는 표현을 고르세요. 그리고 아래와 같이 활용해 보세요.

보기 • 쇼핑가다 • 구경하다 • 옷값을 깎다

① 쇼핑가다. ⇨ 쇼핑가요.

② ______ ⇨ ______

③ ______ ⇨ ______

ယဉ်ကျေးမှုပုံစံ (ရိုသေမှုပြစကား)

제12과 높임말

ရုပ်ပုံပြအဘိဓာန် 그림사전

명사 နာမ်များ

나이	အသက်
댁	အိမ်(လူကြီးများအားပြောစဉ်)
밥	ထမင်း
생신	မွေးနေ့ (လူကြီးများအားပြောစဉ်)
생일	မွေးနေ့(သာမန်)
연세	အသက် (လူကြီးများအားပြောစဉ်)
진지	ထမင်း (လူကြီးများအားပြောစဉ်)
집	အိမ်

동사 ကြိယာများ

계시다	နေသည်
드리다	ပေးသည်
드시다	သုံးဆောင်သည်
말씀하시다	စကားပြောသည်
잡수시다	စားသုံးသည်
주무시다	အိပ်သည်

형용사 နာမဝိသေသန

편찮으시다	(ရိုသေမှုပြ) ဖျားနာသည်

먹다

있다

자다

드시다 / 잡수시다

계시다

주무시다

말하다

아프다

주다

말씀하시다

편찮으시다

드리다

စကားပြော 대화

다음 주 월요일은 어머니 생신이에요.

우리 가족은 아버지, 어머니, 형, 그리고 저 이렇게 모두 4명이에요.
아버지하고 어머니께서는 미국에 계세요.
아버지께서는 회사에 다니세요.
어머니께서는 선생님이세요.
형은 영국에 있어요.
영국에서 대학교에 다녀요.
다음 주 월요일은 어머니 생신이에요.
저는 어머니께 선물을 드리고 싶어요.
인삼을 살 거예요.

어휘 및 표현

가족	မိသားစု	생신	မွေးနေ့
어머니	အမေ	선물	လက်ဆောင်
아버지	အဖေ	드리다	ပေးသည်
형	အစ်ကို	인삼	ကိုရီးယားဂျင်ဆင်း
이렇게	ဒီလို	N에 다니다	N မှာ တက်သည်။ (ကျောင်းတက်-)
모두	အားလုံး		
회사	ကုမ္ပဏီ		

덤

반말

한국어에는 웃어른에게 사용하는 높임말도 있지만, 아주 친한 친구에게 사용하는 반말도 있습니다. 예를 들어, 나이가 같은 친한 친구에게는 "어디에 가요?" 대신 "어디에 가?", "많이 드세요." 대신 "많이 먹어.", "집에 갑시다." 대신 "집에 가자." 등 반말을 사용할 수 있습니다.
이름을 부를 때도 "OO 씨!"가 아니라 "OO아!" 또는 "OO야!"로 불러야 합니다.

သဒ္ဒါ 문법

1. N께서 V · A(으)세요 / N께서 V · A(으)십니다

'–께서 –(으)세요' သည် '–이/가 –아/어/여요' ၏ ယဉ်ကျေးမှုပုံစံ (ရိုသေမှုပြစကား) ဖြစ်သည်။ ကတ္တားသည် ဂုဏ်ရှိသူ၊ အသက်အရွယ်ကြီးရင့်သူ ဖြစ်ပါက '–이/가' ၏ ဂိဘတ်နေရာတွင် '께서' ကို အစားထိုး၍ '아/어/여요' ၏ နောက်ဆက်နေရာတွင် '–(으)세요' ကို သုံးရသည်။
'(으)십니다' သည် '–(으)세요' ၏ ယဉ်ကျေးမှုပုံစံ (ရိုသေမှုပြစကား) ဖြစ်သည်။
အောက်ပါကြိယာများသည် ယဉ်ကျေးမှုပုံစံ ရှိသော စကားသုံးများ ဖြစ်သည်။
'있다, 먹다, 자다' ကို '계시다, 드시다/잡수시다, 주무시다'. သို့ပြောင်းလဲ သုံးနိုင်သည်။

동사	비격식체 높임말	격식체 높임말
읽다	읽으세요	읽으십니다
보다	보세요	보십니다
크다	크세요	크십니다
※있다	계세요	계십니다
※먹다	드세요 / 잡수세요	드십니다 / 잡수십니다
※자다	주무세요	주무십니다

예
- 아버지께서 신문을 읽으세요 / 읽으십니다.
- 어머니께서 텔레비전을 보세요 / 보십니다.
- 선생님께서 키가 크세요 / 크십니다.
- 할아버지께서 방에서 주무세요 / 주무십니다.

2. 명사 높임말

အောက်ပါနာမ်များသည်လည်း ယဉ်ကျေးမှုပုံစံရှိသော စကားလုံးများ ဖြစ်သည်။

명사	높임말
집	댁
밥	진지
생일	생신
나이	연세

예
- 선생님께서 댁에 안 계세요
- 아버지께서 진지를 드세요.
- 할머니께서 연세가 많으세요.

သဒ္ဒါ လေ့ကျင့်ခန်း 문법 연습 ⑫

1. 알맞은 말을 고르세요.

① 할아버지께서 병원에 (가요. / 가세요.)

② 친구는 학교에서 한국어를 (공부해요. / 공부하세요.)

③ 동생은 책을 (읽어요. / 읽으세요.)

④ 아버지께서 회사에 (다녀요. / 다니세요.)

⑤ 어머니께서 텔레비전을 (봐요. / 보세요.)

2. 알맞은 말을 쓰세요.

	현재 : ~(으)세요	과거 : ~(으)셨어요
가다	가세요	가셨어요
오다		
읽다		
앉다		
공부하다		

ဝေါဟာရနှင့်ရှင်းလင်းချက် 어휘 & 표현 ⑫

1. 【보기】에서 단어를 연결하고 쓰세요.

보기

먹다	말하다	주다
있다	편찮으시다	드리다
주무시다	드시다	계시다
말씀하시다	자다	아프다

① 먹다 / 드시다
②
③
④
⑤
⑥

2. 【보기】에서 단어를 연결하고 쓰세요.

보기

나이	밥
집	연세
진지	생신
생일	댁

① 나이 / 연세
②
③
④

신나라
부경 한국어

사자와 쥐

ခြင်္သေ့ကြီးနှင့်ကြွက်ကလေး

ခြင်္သေ့ကြီးနှင့်ကြွက်ကလေး

사자와 쥐

ဟိုး…ရှေးရှေးတုန်းက ကြွက်ကလေးတစ်ကောင်ရှိတယ်။ကြွက်ဆိုတဲ့အတိုင်းပဲ အငြိမ်မနေ ဟိုသွားဒီသွား ဟိုပြေးဒီပြေး အမြဲလုပ်တာပေါ့။ ဒီကြွက်ကလေးက တောထဲမှာနေတဲ့ကြွက်ကလေးပေါ့ကွယ်။

옛날에 쥐 한 마리가 살았습니다. 쥐는 들판 여기저기를 떠돌아 다니며 살았습니다.

တနေ့မှာပေါ့ကွယ်….ကြွက်ကလေးအစာရှာထွက်ရင်းလမ်းမှားပြီးမြက်ပင်ရှည်ကြီးတွေကြားထဲ ရောက်သွားတယ်။

어느 날 쥐가 먹이를 찾으러 다니다가 깊은 숲 속으로 들어가게 되었습니다.

"ဟာ….ငါဘယ်ကိုရောက်နေပါလိမ့်၊ မြတ်ပင်ရှည်ကြီးတွေက သိပ်ရှည်လန်းပါလား၊ မတ်တပ်ရပ်ပြီးကြည့်တာတောင် ဘာမှ မမြင်ရဘူး…"

"여기가 어디지? 풀밭이 너무 무성해서 주변을 둘러 보아도 아무 것도 안 보이네."

ကြွက်ကလေးဟာ တစ်ကောင်တည်းပြောပြီး
လမ်းစတွေ့လိုတွေ့ငြား၊မြတ်ပင်ရှည်တွေကြားတိုးဝှေ့ကြည့်ရှာတယ်။
ဒါပေမယ့် လမ်းပျောက်နေတာဘယ်လို မှ လုပ်မရဘူး။

쥐는 이렇게 혼자 중얼거리면서 길을 찾아 두리번거렸지만 길을 찾을 수가 없었습니다.

"ဖူး...မောလိုက်တာ မထူးပါဘူး ခြေဦးတည့်ရာ လျှောက်သွားတာပဲ
ကောင်းပါတယ်လေ..."

"정말 힘들구나! 어디로든 가보는 것이 좋겠다"

လေကောင်းလေသန့်ကလည်း တဟူးဟူးတိုက်နေပြီး
နံနက်ခင်းနေရောင်ခြည်တန်း နီဝါဝါလေးတွေကလည်း
တောအနှံ့ဖြန့်ကျက်ထွန်းတောက်နေတယ်။ဆောင်းဦးပေါက်မို့သိပ်လည်းမချမ်း
သိပ်လည်းမပူ အနေတော် နွေးနွေးထွေးထွေးလေးပါပဲ။

그곳은 바람이 불어오고 따뜻한 햇볕이 내려 쬐고 있었습니다. 가을이어서 춥지도 않고 덥지도 않았습니다.

သို့သော် အစာလည်းမရ၊ လမ်းစလည်းရှာမတွေ့တဲ့ ကြွက်ကလေးမှာတော့
တစ်ကောင်တည်း ပျာယီပျာယာ ဖြစ်နေရှာ
တယ်။ပတ်ဝန်းကျင် သဘာဝအလှအပများကို ဒုက္ခရောက်နေသူတစ်ဦးဟာ
မခံစားနိုင်တာ သဘာဝဖြေ လ။

경치가 매우 아름다웠지만 배가 너무 고파서 먹을 것을 찾아 계속 두리번거렸습니다. 쥐는 금강산도 식후경이라고 생각했습니다.

ကံဆိုးချင်တော့ ကြွက်ကလေးဟာ မြတ်ပင်ရှည်တွေကြားထဲမှာ
သမင်၊ဒရယ်၊ဆတ် စတဲ့သားကောင်တွေကို ဖမ်းစားဖို့
စောင့်ရင်းအိပ်နေတဲ့ ခြင်္သေ့ကြီးဆီ တည့်တည့်ဝင်တိုးမိပါလေရော။

이렇게 먹을 것을 찾으러 다니던 쥐는 풀 숲에서 먹이를 사냥하려다 지쳐 잠든 사자를 만났습니다.

"ဘာကောင်လဲဟ... ရှစ်....ရှစ်နဲ့...."

"아이구! 찍찍!"

ခြင်္သေ့ကြီးရဲ့လက်ကလဲ မြန်လိုက်တာ ဆက်ခနဲ သူ့လက်ကြီးနဲ့ ကြွက်ကလေးကို ဖမ်းဆုပ်လိုက်တယ်။

사자는 앞발로 재빨리 쥐를 낚아 채었습니다.

"အမလေး...အရိုးတွေကျိုးကုန်ပါပြီဗျ...အား...အစ်...အစ်"

"아이쿠! 뼈가 다 부러지겠네. 아야! 아야!"

"ကြည့်စမ်း...ဘယ်သူလဲမှတ်တယ်၊ ကြွက်စုပ် ကြွက်နာလေး...
။ငါလိုတောသုံးတောင်ကို အုပ်စိုးတဲ့ခြင်္သေ့မင်းဆီ
မင်း ဘာလာလုပ်တာလဲ..."

"어흥! 네가 누구냐? 조그만 쥐가 말이 많다. 나는 숲 속의 왕 사자인데 너는 왜 여기 왔느냐?"

"ဘာ...ဘာမှ လာမလုပ်ပါဘူး၊ ခြင်္သေ့မင်းကြီးရယ်၊အစာရှာရင်း လမ်းမှားပြီး ဒီကိုရောက်လာတာပါ၊ ကျွန်တော်ကို လွှတ်ပေးပါဗျာ...."

"사자님! 저는 먹이를 찾으러 다니다가 길을 잃어버려 여기 온 것뿐입니다. 제발 살려 주세요!"

"ဘာလို့လွှတ်ပေးရမှာလဲ..."

"내가 왜 널 살려 주어야 하느냐?"

"လွှတ်ပါခြင်္သေ့မင်းကြီးရယ်၊ ခြင်္သေ့မင်းကြီးအတွက် ကျွန်တော်မျိုးကြွက်ဟာ မစားလောက်ပါဘူး၊ ခြင်္သေ့မင်းကြီးသာ ကျွန်တော့်ကိုလွှတ်ပေးမယ်ဆိုရင် တနေ့သောအခါမှာ ခြင်္သေ့မင်းကြီးကို ကျွန်တော် အကူအညီအပြည့်အဝ ပြန်ပေးပါ့မယ်..."

"제발 살려 주세요, 사자님. 저는 너무 조그마하니까 사자님의 먹이가 될

수가 없어요. 사자님이 자비를 베푸신다면 반드시 제가 은혜를 갚겠습니다."

"ဟား...ဟား...ဟား....ဟား... တယ်ရယ်စရာကောင်းပါလား...။ဝါး...ဟား...
ဟား...မင်းလို ပိစိညှောက်တောက်
ကြွက်ကလေးက ငါလိုကြီးမားထွားကြိုင်းတဲ့ ခြင်္သေ့ကြီးကို
အကူအညီပေးမယ်...ဟုတ်စ"

"으하하하! 정말 웃기는구나! 너처럼 조그만 쥐가 숲 속의 왕인 나를 감히 돕겠다고?"

"ဟုတ်...ဟုတ်ပါတယ် ခြင်္သေ့မင်းကြီး...ကျွန်တော်ဟာ အကောင်ငယ်ပေမယ့်
ကတိတည်ပါတယ်"

"네. 네. 사자님! 저는 조그마한 쥐이지만 반드시 약속을 지키겠습니다."

"ဲကပါကွာ...ဘယ်လိုပဲဖြစ်ဖြစ်...အခုတစ်ကြိမ်တခါ ငါမင်းကို
လွှတ်ပေးလိုက်မယ်...။တစ်ခုမှာချင်တာက ဘယ်တော့မှ
ပေါ့ပေါ့ဆဆလမ်းမသွားနဲ့ကြားလား"

"그래. 이번에는 내가 너를 살려주마. 다음에는 길을 잃어버리지 마라."

"ဟုတ်ကဲ့ ကျေးဇူးတင်ပါတယ် ခြင်္သေ့မင်းကြီးရယ်..."

"네, 사자님! 정말 고맙습니다."

"ဒါတွေပြောစရာ မလိုပါဘူးကွာ..."

"그만 됐다."

ခြင်္သေ့ကြီးက ပြောပြောဆိုဆိုနဲ့ သာသာကြည်ကြည် လွှတ်ပေးလိုက်တာနဲ့
ကြွက်ကလေးဟာ မြတ်ပင်တွေကြားထဲ
တိုးဝင်ထွက်ပြေးသွားတာပဲကွယ်။

가까스로 풀려난 쥐는 서둘러 풀 숲을 도망쳐 나왔습니다.

ဒီလိုနဲ့တစ်ရက်ပြီးတစ်ရက် ကုန်ဆုံးလာခဲ့တယ်။
그 후로 여러 날이 지났습니다.

နောက်တစ်ပတ်ကြာတဲ့အခါ ထုံးစံအတိုင်း ကြွက်ကလေးက နံနက်စောစော အိပ်ယာထပြီး အစာရှာထွက်ရတာပေါ့။
ဒီလိုနဲ့သစ်ပင်ကြီးတစ်ပင်ရဲ့အောက်ကိုလည်းရောက်ရော...
며칠 뒤, 쥐는 아침에 일어나 먹이를 찾으러 다녔습니다. 그러다가 큰 나무 밑에 도착하였습니다.

"ဝေါင်း...ဟောင်း...ဟောင်း..."
"어흥! 어흥! 어흥!"

"အမလေး...လန့်လိုက်တာ..."
"아이구, 깜짝이야!"

ကြွက်ကလေးဟာ ခြင်္သေ့ကြီးရဲ့အသံကြောင့် နောက်ကို ဂျမ်းပစ်သွားခဲ့တယ်။
그 소리 때문에 쥐는 너무 놀라 데굴데굴 한 바퀴 굴렀습니다.

"ဟင်... ငါ့ကို ဟိုတစ်ခါက လွှတ်ပေးတဲ့ ခြင်္သေ့ကြီးပါလား ။ မုဆိုးရဲ့ ပိုက်ကွန်မှာ မိနေတာ ပါလား။
"아, 지난 번에 절 살려 주신 사자님이시군요. 사냥꾼의 덫에 잡히셨군요."

ကြွက်ကလေးဟာခြင်္သေ့ကြီးဆီ အလျှင်အမြန်ပြေးသွားပြီး "ဖိုး...ခြင်္သေ့ကြီး"
쥐는 빨리 사자에게로 달려 갔습니다. "사자님!"

"ဟာ...ကြွက်ကလေးပါလား၊ ဒီတစ်ခါ လမ်းမှားလာပြန်ပြီလား... လမ်းမှားလာတယ်ဆိုရင်လည်း အမြန်ပြန်လှည့်ပါ၊ ဒီမှာ မုဆိုးတွေပေါတယ်။ ငါတောင် ပိုက်ကွန်ထဲမှာ မိနေတာကြည့်တော့..."
"어, 너로구나! 이번에도 길을 잃어버린 것이냐? 어서 돌아가거라. 여기는 사냥꾼들이 많다. 내가 여기 잡혀 있는 것 보이지?"

ခြင်္သေ့ကြီးရဲ့ပြောစကားကိုနားထောင်ရင်း၊ကြွက်ကလေးဟာအင်မတန်စိတ်မကောင်းဖြစ်သွားတယ်။

사자의 말을 들은 쥐는 어찌 해야 할 바를 몰랐습니다.

အင်မတန်ရရင့်ပါတယ်ဆိုတဲ့ ခြင်္သေ့ ကြီးရဲ့မျက်နှာဟာ ပိုက်ကွန်ထဲမှာ ညှိုးညှိုးနွမ်းနွမ်းလေးဖြစ်လို့နေရှာတာကို သူတွေ့ရတယ်လေ။

쥐는 용감한 사자가 덫에 걸려 힘이 없어 보는 것이 너무 슬펐습니다.

"ခြင်္သေ့ကြီး...သင်သေရမှာ ကြောက်နေသလား..."

"사자님! 지금 두려우세요?"

"နင့်မေ့ဂလွား..သတ္တဝါတွေပဲကွ၊ သေရမှာမကြောက်တဲ့လူဆိုလို့ ဘယ်မှာရှိမှာလဲ၊ ကြောက်တာပေါ့။ ငါ့ဘဝက ပိုက်ကွန်ထဲမှာမှဆိုးရဲ့လက်ချက်နဲ့ အချိန်မရွေး သေသွားနိုင်တာပဲ"

"시끄럽다. 어디 죽는 것이 무섭지 않은 자가 있다 말이냐? 나는 지금 덫에 걸려 죽을 지경인 것이 안 보이느냐?"

"မပူပါနဲ့.. ခြင်္သေ့ကြီးကို ကျွန်တော်ကယ်ပါ့မယ်"

"걱정하지 마세요, 사자님. 제가 도와 드릴게요."

"ငါတောင် ရုန်းကန်လို့မရတာ..နင်က ဘယ်လိုလုပ်ကယ်မှာလဲ.."

"나도 할 수 없는 것을 어떻게 네가 한다고 하느냐?"

"ခြင်္သေ့ကြီးကကျွန်ပော်ဂ့ကိုဘယ်အခထင်သေးတာကိုး၊မှတ်ထားပါခြင်္သေ့ကြီး... ။ဘယ်လောက်သေးတဲ့သတ္တဝါပဲဖြစ်ဖြစ်
သူ့နေရာနှင့်သူ အသုံးကျတာကို မကြာမီ အသင်တွေ့မြင်ရပါလိမ့်မယ်..."

"사자님, 저를 무시하지 마세요. 이렇게 조그마해도 다 쓸모가 있다는 것을 보여 드릴게요."

ကြွက်ကလေးဟာပြောပြောဆိုဆို ပိုက်ကွန်ရဲ့အင်မတန် သန်မာတဲ့ကြိုးတွေကို
အလွန်ချွန်ထက်တဲ့သူ့သွားလေးတွေ
နဲ့ကိုက်ဖြတ်ပစ်လိုက်တယ်။ခြင်္သေ့ကြီးရဲ့ အားနဲ့ဖြတ်မရတဲ့ပိုက်ကွန်ကြိုးဟာ
ကြွက်ကလေးရဲ့သွားတွေနဲ့ကျတော့
တစ်မျှင်ပြီးတစ်မျှင် ပြတ်ပြတ်ကျသွားပါလေရော။

쥐는 재빠르게 날카로운 이로 굵은 밧줄을 갉기 시작했습니다. 사자의 힘으로 풀 수 없는 밧줄이 쥐의 이빨로 하나씩 하나씩 잘려나가기 시작했습니다.

မကြာမီ ပိုက်ကွန်ကြိုးတွေပြတ်ကုန်ပြီး ခြင်္သေ့ကြီးလွတ်သွားတာပေါ့...။

드디어 밧줄이 다 끊어져서 사자가 풀려났습니다.

အဲဒီမှာမှ ခြင်္သေ့ကြီးဟာ အလွန်ကျေနပ်ဝမ်းသာ ဖြစ်မိပြီး......

사자는 쥐에게 정말 고마웠습니다.

"အလွန်ကျေးဇူးတင်လိုက်တာ ကြွက်ကလေးရယ်....ကျုပ် မှားပါတယ်....
ခွန်အားသေးသော်လည်း သူ့နေရာနဲ့သူ အသုံးဝင်မှန်း အခုသိရပါပြီ...ကဲ...ကဲ..
မုဆိုးတွေ မလာခင် ကျုပ်သွားတော့မယ်"

"쥐야! 고맙다. 내가 잘못했다. 너처럼 조그마해도 다 쓸모가 있다는 것을 알게 되었구나. 자, 사냥꾼들이 오기 전에 어서 피하자."

"ဟုတ်ကဲ့....ဟုတ်ကဲ့"

"네, 네."

ပုံပြင်လေးကတော့ ဒါပါပဲကွယ်။ ပုံပြင်လေးရဲ့ မှတ်သားစရာက နှစ်ချက်ရှိတယ်။

자. 이야기는 여기까지입니다. 이 이야기에는 두 가지 교훈이 담겨 있습니다.

တစ်ချက်က အတုံ့အလည့်ပေါ့။ တစ်စုံ တစ်ယောက်သောသူက
ကိုယ်အပေါ်ကောင်း

ဖူးရင်၊ ကျေးဇူးပြုဖူးရင် ကိုယ်က တစ်ခါပြန်ကယ်ရတယ်၊ ပြန်ကူညီရတယ်။
ငါလွှတ်ပြီး
ရော သဘောမထားရဘူး။

한 가지는 다른 사람을 도우면 나중에 나도 다른 사람에게서 도움을 받을 수 있다는 것입니다.

နောက်တစ်ချက်က ကိုယ့်ထက်အသက်ငယ်တဲ့လူတွေ၊ ကိုယ့်လောက်ပညာမရှိ၊
ဥစ္စာ
မရှိတဲ့လူတွေအပေါ် အထင်အမြင်မသေးရဘူး။ ယိုက်သင့်သလို
ပေါင်းသင်းဆက်ဆံ
ရတယ်။ စိုသောလက်မခြောက်စေနဲ့ဆိုတဲ့ သဘောပါပဲ။

또 한 가지는 나보다 나이가 어리거나 교육을 받지 못했거나 돈이 없다고 해도 그 사람을 무시해서는 안 된다는 것입니다. 이 세상은 서로 도와가며 살아가야 합니다.

신나라
부경 한국어

연습문제_정답
လေ့ကျင့်ခန်း မေးခွန်း _ အဖြေ

연습문제 정답 လေ့ကျင့်ခန်း မေးခွန်း _ အဖြေ

1과

문법연습

1. ① 이것은 사진이에요 ② 이것은 지도예요
   ③ 이 사람은 회사원이에요 ④ 이 사람은 의사예요

2. ① 그것은 책상이 아니에요
   ② 그것은 의자가 아니에요
   ③ 그 사람은 학생이 아니에요
   ④ 그 사람은 친구가 아니에요

3. ① 의사가 아니에요. 학생이에요
   ② 선생님이 아니에요. 가수예요

어휘 & 표현

1. ② 지도 ③ 여권 ④ 책

2. ① 이름이 뭐예요? ② 어디에서 왔어요?
   ③ 어디에 살아요? ④ 만나서 반가워요.

2과

문법연습

1. ② 가 ③ 를 ④ 은 ⑤ 을

2. ② 저것이 ③ 이것이 ④ 그것이

어휘 & 표현

1. ② 책(X) ③ 휴대폰(O) ④ 전자사전(O)
   ⑤ 교통카드(X) ⑥ 창문(O) ⑦ 휴지(X) ⑧ 문(O)

2. ① 손 ② 입 ③ 눈 ④ 팔꿈치 ⑤ 다리

3. ① 어디 ② 뭐

3과

문법연습

1. ② 수강 신청을 해요. ③ 도서관에 와요.
   ④ 저는 학생이에요. ⑤ 이것은 책이 아니에요.

2. ② 공부 안 해요. 밥을 먹어요.
   ③ 입학 안 해요. 졸업해요.
   ④ 숙제를 안 내요. 성적표를 받아요.

어휘 & 표현

1. ① 입학을 - 하다 ② 학비를 - 내다
   ③ 시험을 - 보다 ④ 동아리에 - 들다

2. ② 학교 ③ 사무실 ④ 식당 ⑤ 은행 ⑥ 교실

4과

문법연습

1. ② 한 병 ③ 네 잔 ④ 열 개
   ⑤ 다섯 마리 ⑥ 여덟 대

2. ② 시, 이십칠 ③ 백팔십 ④ 칠십

3. ② 서른 ③ 열다섯 ④ 여섯

어휘 & 표현

1. ② 이천구년 유월 육일이에요
   ③ 이천육년 십이월 십사일이에요
   ④ 이천십년 시월 십일이에요

2. ① 유월, 구월, 시월 ② 둘, 셋, 여섯, 여덟

3. ① 몇 월 며칠이에요? ② 언제예요?
   ③ 무엇을 해요?

5과

문법연습

1. ② 공부했어요 ③ 마셨어요 ④ 배웠어요
   ⑤ 먹었어요 ⑥ 웃었어요

2. ② 친구를 만났어요 ③ 인터넷을 했어요

어휘 & 표현

1. ② 세수를 하다 ③ 샤워를 하다
   ④ 인터넷을 하다 ⑤ 친구를 만나다 ⑥ 이를 닦다

2. ② 1일부터 4일까지 비가 왔어요
   ③ 아침부터 밤까지 공부를 했어요

6과

문법연습

1. ② 기다리세요 ③ 타세요 ④ 앉으세요 ⑤ 잡으세요

2. ② 기다리지 마세요 ③ 타지 마세요
   ④ 앉지 마세요 ⑤ 잡지 마세요

3. ② 읽으세요
   ④ 영어로 말하지 마세요 ⑤ 책을 보지 마세요

어휘 & 표현

1. ② 줄을 서다 ③ 버스를 타다
   ④ 버스에서 내리다 ⑤ 벨을 누르다

연습문제 정답 လေ့ကျင့်ခန်း မေးခွန်း _ အဖြေ

7과

문법연습

1. ② 만날까요? ③ 먹을까요? ④ 볼까요? ⑤ 읽을까요?

2. ② 만납시다 ③ 먹읍시다 ④ 봅시다 ⑤ 읽읍시다

3. ② 공부할까요? ③ 의자에 앉을까요?

어휘 & 표현

1. ① 거기 꼬꼬 씨 집이지요? ② 꼬꼬 씨 좀 바꿔 주세요.
   ③ 다시 전화할게요.

2. ② 울리다 ③ 누르다

8과

문법연습

1. ② 읽었어요, 읽을 거예요 ③ 했어요, 할 거예요
   ④ 먹었어요, 먹을 거예요
   ⑤ 입었어요, 입을 거예요 ⑥ 샀어요, 살 거예요

2. ② 토요일에 찜질방에 안 갈 거예요
   ③ 일요일에 등산을 안 할 거예요
   ④ 수요일에 청소를 안 할 거예요

어휘 & 표현

1. ① 오, 팔, 구 ② 어제, 오늘 ③ 셋, 넷, 일곱, 여덟
   ④ 수요일, 금요일, 토요일

2. ② 사진을 찍을 거예요 ③ 빨래를 할 거예요
   ④ 여행을 갈 거예요

9과

문법연습

1. ② 꼬꼬 씨는 미얀마 사람이고 유진 씨는 한국 사람이에요
   ③ 피가 나고 멍이 들었어요
   ④ 꼬꼬 씨는 춤을 추고 유진 씨는 노래를 불러요

2. ② 듣고 점심을 먹어요
   ③ 점심을 먹고 도서관에서 책을 읽어요
   ④ 집에 돌아가요

어휘 & 표현

1. ② – ⓜ ③ – ㉠ ④ – ㉢ ⑤ – ㉣

2. ② 나다 ③ 나다 ④ 나다

10과

문법연습

1. ② 밥을 먹고 싶어요 ③ 선물을 받고 싶어요

2. ② 책을 읽고 싶어요 ③ 버스에서 내리고 싶어요
   ④ 자리에 앉고 싶어요 ⑤ 운동을 하고 싶어요

어휘 & 표현

1. ② – ⓜ ③ – ㉣ ④ – ㉢ ⑤ – ㉠

2. ② 젓가락하고 숟가락이 있어요
   ③ 그릇하고 접시가 있어요

11과

문법연습

1. ② 옷을 입어도 돼요? 네, 입어도 돼요. 아니요,
   입으면 안 돼요.
   ③ 옷을 벗어도 돼요? 네, 벗어도 돼요. 아니요,
   벗으면 안 돼요.
   ④ 사진을 봐도 돼요? 네, 봐도 돼요. 아니요,
   보면 안 돼요.
   ⑤ 물을 마셔도 돼요? 네, 마셔도 돼요. 아니요,
   마시면 안 돼요.

어휘 & 표현

1. 짧다 – 길다, 작다 – 크다, 비싸다 – 싸다
   ② 길어요 ③ 작아요 ④ 싸요

2. ② 옷값을 깎다 →옷값을 깎아요
   ③ 구경하다 → 구경해요

12과

문법연습

1. ① 가세요 ② 공부해요 ③ 읽어요
   ④ 다니세요 ⑤ 보세요

2. ② 오세요, 오셨어요 ③ 읽으세요, 읽으셨어요
   ④ 앉으세요, 앉으셨어요
   ⑤ 공부하세요, 공부하셨어요

어휘 & 표현

1. ② 말하다 / 말씀하시다 ③ 주다 / 드리다
   ④ 있다 / 계시다 ⑤ 아프다 / 편찮으시다
   ⑥ 자다 / 주무시다

2. ② 밥 / 진지 ③ 집 / 댁 ④ 생일 / 생신

신나라 부경한국어 | Myamarese

발행일 | 2011년 2월 10일
지은이 | 채영희
삽 화 | 김민표 (하늘디자인 · 기획)
발행처 | 부경대학교 출판부

디자인 · 제작 | 하늘디자인 · 기획 051)611-3969

인 쇄 | 우성정판인쇄소
제 본 | 선우제본

가 격 | 14,000원